EDITORIAL

> Liebe Leserin, lieber Leser,

falls es Traumziele gibt, ist Paris sicherlich eines. Ein Traum, der keiner bleiben muss: Mit den vielen Tipps in diesem Reiseführer erleben Sie die Schöne an der Seine zum Schnäppchenpreis – und müssen dabei auf nichts verzichten. Der Blick vom Montmartre etwa, zu Füßen der berühmten Basilika von Sacré Coeur, ist genauso grandios wie vom Eiffelturm, und kostet keinen Cent. Der Eiffelturm soll aber trotzdem zum Besuchsprogramm gehören? Dann erklimmen Sie ihn doch einfach zu Fuß. Das [illegible] er Liftfahrt. Selbst unter d[illegible] e finden sich kleine, feine [illegible] m fairen Preis servieren. Z[illegible] n-nungen zurückgegeben [illegible] u weniger abgehobenen [illegible] Tage, an denen weltber[illegible] tt kosten, nette, versteckte [illegible], in denen die Pariser Nächte durchaus erschwinglich sind und Läden, in denen Sie sich supergünstig à la française einkleiden können. Et voilà, worauf warten Sie?

Viel Spaß beim Entdecken!
wünscht Ihnen Ihr MARCO POLO-Team

SYMBOLE:

Insider Tipp — **MARCO POLO INSIDER-TIPPS**
Von unseren Autoren für Sie entdeckt

KOSTENLOS
Hier zahlen Sie keinen Cent!

INHALT

CLEVER!
Sparfüchse aufgepasst! Mit diesen Tipps und Tricks können Sie zusätzlich Geld sparen oder auch etwas Besonderes erleben

LUXUS LOW BUDGET
Edles echt günstig! Ob Hotel-Suite, Gourmet-Lunch oder Designer-Outfit. Gehen Sie mit uns auf Schnäppchenjagd

TOP 10

> Staunen und sparen – toll, was Sie alles in Paris für wenig Geld entdecken und erleben können. Manches ist ganz besonders: die zehn besten Insidertipps

Insider Tipp ELDORADO [136 A5]
Ein Hotel mit dem Namen eines sagenhaften Goldlandes – und tatsächlich: Wer hier ein Zimmer ergattert, hat einen Schatz am Fuß des Montmartre aufgetan, mit liebevoller Ethno-Einrichtung und Bistro samt lauschigem Innenhof. Und das auch noch zum Traumpreis! *(S. 102)*

Insider Tipp PASSAGE BRADY [145 F3]
Unter dem Glasdach der Passage wartet Indien in all seiner Exotik. Duftende Currys für 5 Euro, bunte Kleinigkeiten zu Schnäppchenpreisen, Bollywood-DVDs, orientalisch gekleidete Menschen – Gerüche, Geräusche, Impressionen, die in eine andere Welt locken *(S. 42)*

Insider Tipp LA BELLEVILLOISE [147 E4]
Die Geschichte der stimmungsvollen Kulturhalle reicht bis ins Jahr 1877 zurück. Ausstellungen, Gratiskonzerte und der tolle Brunch am Sonntagmorgen zu Live-Jazz sind Beweise für ihre Lebendigkeit *(S. 91)*

Insider Tipp MARCHÉ D'ALIGRE [152 C4]
Auf dem günstigsten Markt von Paris tobt das Leben. Afrikanische, indische und chinesische Stände sorgen für fremdländisches Flair, die tolle Secondhand-Mode für Freude bei allen Schnäppchenjägern *(S. 77)*

Insider Tipp FOYER DE LA MADELEINE [149 F3]
Warum nicht mal im Keller einer Kirche essen? Eines der außerge-

DIE BESTEN LOW BUDGET TIPPS

wöhnlichsten Restaurants von Paris serviert im Gewölbe-Ambiente unterhalb der Église de la Madeleine ein köstliches dreigängiges Mittagsmenü für gerade mal 12 Euro *(S. 61)*

Insider Tipp **PARK DES RODIN-MUSEUMS** [149 E–F3]
Wie wär's mit einem Spaziergang durch die herrliche Parkanlage des Palais Hôtel Biron? Eine willkommene Pause vom Großstadttrubel zwischen den Skulpturen des berühmten Bildhauers – für 1 Euro *(S.45)*

Insider Tipp **PASSAGES COUVERTS** [144 C4–5]
Die überdachten Einkaufspassagen, die den Glanz des 19. Jhs. ausstrahlen, sind der Höhepunkt jeder Shopping-Tour. Das Stöbern zwischen plüschigen Cafés und nostalgischen Läden fördert manch bezahlbares Kleinod zu Tage *(S. 72)*

Insider Tipp **BUSLINIEN**
1,70 Euro kostet die Fahrt in den Bussen der Linien 21 und 73. Sie führen an allen bekannten Sehenswürdigkeiten vorbei – zum Bruchteil der Kosten einer Sightseeing-Tour *(S. 13)*

Insider Tipp **LA VIEUX BELLEVILLE** [147 D–E3]
Kulinarisches Erlebnis mit Musik: Erst gibt's traditionelle französische Küche für 12 Euro, dann singt das ganze Lokal alte Chansons. Schräg, aber unheimlich liebenswert! *(S. 96)*

Insider Tipp **ÄGYPTISCHE ABTEILUNG DES LOUVRE** [150 C1–2]
Beim Fluch des Pharao läuft es selbst Mama und Papa eiskalt den Rücken runter. Die Kids sind fasziniert von der Ägyptologie-Sammlung im Louvre. Und die Eltern freuen sich: Der Nachwuchs reist nämlich gratis ins Land der Pyramiden *(S. 120)*

> Gut und günstig nach Paris und auf preiswerten Pfaden durch die Luxusmetropole – gar kein Problem!

Da steht er, der Eiffelturm, und sieht genauso aus wie man ihn sich vorgestellt hat. Jeder, der nach Paris kommt, hat bereits ein Bild der Seine-Metropole vor Augen, zu berühmt sind die einschlägigen Motive. Und dennoch: Ein Bummel an der Seine, ein Spaziergang durch das romantische Montmartre, ein Glas französischer Rotwein in einem lauschigen Bistro, das alles sind echte Paris-Momente, die man selbst erlebt haben muss. Dazu die Innenstadt mit den berühmten Kirchen und Museen, den Baudenkmälern und den mächtigen Boulevards, die wie die Champs-Élysées schon allein durch ihren Namen begeistern. Dass man sich zwischen all diesen historischen und architektonischen Schätzen relativ einfach und günstig bewegen kann, werden Sie schnell merken. Einen ersten Überblick verschafft man sich zum Beispiel am besten per Boot: Mit einem *Bato-Bus* erleben Sie Paris aus einer ganz besonderen Perspektive – vom Wasser nämlich. Besondere Einblicke versprechen auch die Fahrräder, die an mehr als 1000 Verleihstationen auf Sie warten. Legen Sie los, Sie werden feststellen: Paris mag Glanz und Glamour versprühen – aber man muss bei Weitem kein Millionär sein, um die vielen Verlockungen der Schönen an der Seine zu genießen.

START IN DIE STADT

ERSTE TAT

Am besten starten Sie Ihren Paris-Aufenthalt an dem Ort, an dem das Herz der Metropole vor über 2000 Jahren zu schlagen begonnen hat: an der Seine und auf den Inseln. Machen Sie eine Schifffahrt und schauen Sie sich den Kern der Stadt erst einmal vom Wasser aus an! Gleiten Sie unter unzähligen Brücken hindurch und an eindrucksvollen Monumenten wie dem Louvre, dem Musée d'Orsay, der Kathedrale Notre Dame und dem Hôtel de Ville vorbei und umrunden Sie die Inseln Île de la Cité und Île St. Louis. Letztlich war es nämlich die Seine, die nicht nur die ersten Bewohner auf der Île de la Cité als natürliche Stadtmauer geschützt hat. Auf ihr wurden auch – wie auf einer Art Lebensader – aus ganz Frankreich die Waren herantransportiert. Auf diese Weise wurde Paris reich und reicher und wuchs zu einer der glanzvollsten Städte der Welt heran.

Die Boote von *Bato-Bus* legen an acht Haltestellen an, wo Sie bequem aus- und wieder zusteigen können. Natürlich können Sie die Tour auch als Ganzes abfahren, was ungefähr 1,5 Stunden dauert. Die Boote fahren im Rhythmus von 15 bis 30 Minuten, die Tageskarte kostet 13 Euro (Kinder unter 16 Jahren zahlen 7 Euro, Studenten 9 Euro) und der Sightseeing-Trip auf dem Wasser ist allemal origineller und günstiger als eine Stadtrundfahrt mit dem Bus.

Am besten nehmen Sie zum Einstieg die Haltestelle am Fuß des Eif-

felturms. Sobald Sie das Wahrzeichen sehen, wird Ihnen klar: Ich bin in Paris! Dazu steigen Sie am besten an der Metro-Station Trocadéro aus und nähern sich über den gleichnamigen Platz hinweg der „Eisernen Dame", bis Sie die Brücke Pont d'Iena überqueren und gleich rechts unten in ihr Boot einsteigen können. *Tagesticket 13 Euro | tgl., Sommer 10–19 bzw. 21.30, Winter 10.30–16.30 bzw. 18.30 Uhr | Fahrkartenverkauf an allen acht Haltestellen | www.batobus.com | M 6, 9: Trocadéro | 16. Arr.*

ANREISE

AUTO

Wenn Sie kein ausgesprochen passionierter Autofahrer sind und keine zusätzlichen Zwischenziele anpeilen, dann sollten Sie nicht mit dem eigenen PKW nach Paris reisen. Neben den nicht ganz unerheblichen Gebühren auf Frankreichs Autobahnen *(péage)* können hohe Parkkosten auf Sie zukommen. Außerdem bieten nur wenige Hotels Parkmöglichkeiten. Es gibt daher genügend Pariser, die ganz auf ein Auto verzichten, da auch die Parkplatzsuche oft zu einem Albtraum werden kann. Zum Teil ist der Parkraum außerdem schlecht markiert, und hat sich dann erst einmal eine Kralle der Polizei an Ihrem Reifen festgebissen, kann es richtig teuer werden. Auch muss vor – eher unkonventionellen – Einparkgepflogenheiten gewarnt werden: Gerne wird beim Parken durch Stoßstangenarbeit Raum geschaffen. Fürchten Sie um Ihren Lack, sollten Sie Parkhäuser ansteuern, die allerdings mindestens 2 Euro pro Stunde kosten – an touristsch attraktiven Orten leicht mehr als das Doppelte!

Wollen Sie dennoch mit dem eigenen Gefährt anreisen, dann lassen Sie es am besten an den *portes* (Pforten) des *péripherique* (Umgehungsring) stehen: Bei *Parking Paris 19* kostet das Park-and-Ride-Ticket am Wochenende *(Fr ab 14 bis So 19 Uhr)* nur 25 Euro. Ihr Wagen steht in einer videoüberwachten, regelmäßig kontrollierten Parkgararge, während Sie mit der Metro in die Stadt fahren *(www.parking2000.com)*. Dort würden Sie in einem Innenstadt-Parkhaus für den gleichen Zeitraum 60 Euro ausgeben. Das ist schon ein guter Restaurantbesuch mehr! Insider Tipp

Übrigens können Sie sich sowohl als Anbieter als auch als Suchender an eine große Mitfahrerzentrale wie

Bild: Schiff ahoi – von der Seine aus hat Paris ein ganz anderes Gesicht

www.mitfahrgelegenheit.de wenden, die ständig eine große Auswahl von Fahrten nach und von Paris anbietet.

BAHN

Auch hier gilt: Wer zuerst bucht, bucht am günstigsten. Vergleichen Sie die aktuellen Sonderangebote, wie zum Beispiel „Zum Valentinstag in die Stadt für Verliebte", welche die Deutsche Bahn im Programm hat. Seit einiger Zeit fahren aufgrund eines Abkommens mit der französischen SNCF diesseits und jenseits des Rheins Züge mit Höchstgeschwindigkeiten von bis zu 320 km/h. Je nachdem, wo Sie wohnen, kann das schneller sein als das Flugzeug zu nehmen, da Sie hier auch noch die Eincheck-Zeit berechnen müssen. Weiterhin sind die Bahnhöfe in Paris zentraler gelegen als die Flughäfen, womit Sie sich auch das teurere RER (S-Bahn)-Ticket dorthin sparen.

Es gibt schon Angebote von grenznahen Städten wie Karlsruhe oder Saarbrücken für 19 Euro die einfache Strecke. Der Klassiker ist das 39 Euro-Ticket nach Paris, das von den meisten Städten (auch ab

CLEVER!

> So sparen Sie bei Metro & Co.

Das normale Metro-Ticket, das *ticket t*, das auch für den Bus gilt, kostet 1,70 Euro. Allerdings gibt es eine Reihe von Verbilligungsmöglichkeiten: Bei einem Carnet (10er-Streifen) reduziert sich der reguläre Ticketpreis auf 1,20 Euro und Sie können die Karten auch an den nächsten Tag verwenden. Ebenfalls sparen können Sie mit der *Carte Mobilis*, einer Tageskarte für 6,10 Euro: Die zwei Zonen, in denen Sie die Karte einsetzen dürfen, reichen aus für die Innenstadt. Mit der *Carte Paris Visite* kostet Sie der Tag 9,30 Euro, und Sie erhalten Preisnachlässe im Disneyland Paris oder im Musée du Quai Branly. Die gängigsten Sehenwürdigkeiten sind allerdings nicht enthalten. Wer länger bleibt, für den lohnt sich die *Paris Navigo Decouverte* (16,80 Euro, plus 5 Euro für die Karte und ein Passbild). Damit können Sie sich von Montag bis Sonntag in Zone 1 und 2 bewegen. Allerdings kann die Karte auch nur am Montag erworben werden!

Berlin) gilt. Nehmen Sie dann – je nach Komfortbedürfnis – den Nachtzug ab 43 Euro, sparen Sie sich schon die Übernachtung im Hotel. Über den Reiseveranstalter *Ameropa (www.ameropa.de)* gibt es oft auch attraktive Packages von Bahnreisen inklusive Hotel. Am besten erkundigen Sie sich unter *www.bahn.de.*

BUS

Oft eine der günstigsten Möglichkeiten, nach Paris zu kommen, ist die Fahrt mit dem Bus. Zuweilen kann solch eine Reise allerdings etwas beschwerlich werden, vor allem, wenn es sich um eine der noch günstigeren Nachtfahrten handelt. Auf *www.busreisen24.com* können Sie über 100 Veranstalter vergleichen, die auch Pauschalreisen mit Hotel und Stadtrundfahrten anbieten. Angebote für drei Tage gibt es bereits ab 49 Euro, etwa von Hamburg, München oder Berlin aus.

FLUGZEUG

Es kommt vor, dass sogar bei einer kurzfristigen Buchung der Flugpreis niedriger ist als ein Ticket mit der Bahn. So gibt es beispielsweise Hin- und Rückflüge Frankfurt–Paris mit Lufthansa schon für um die 100 Euro. Vergleichen Sie am besten das momentane Angebote auf einschlägigen Internetseiten wie *www.Flug24.de/billigfluege* oder *www.billigflieger.de*.

Je nach individueller Vorliebe und Ihrem Ausgangsort können Sie natürlich auch direkt bei den Fluglinien wie Germanwings *(www.germanwings.de)*, Easyjet *(www.easyjet.de)* oder Air Berlin *(www.airberlin.de)*, aber auch bei Lufthansa *(www.lufthansa.com)* oder bei Air France *(www.airfrance.com)* nach Schnäppchenflügen forschen. Wie bei der Bahn gilt auch hier die Regel: je früher, desto billiger. Für Kurzentschlossene gibt es womöglich auf *www.lastminute.de* Angebote.

ANKUNFT

BAHNHÖFE

Je nachdem, von wo aus Sie nach Paris reisen, kommen Sie an verschiedenen Bahnhöfen an. Reisende aus Frankfurt, Mannheim, Stuttgart, München, Berlin und Hamburg verlassen den Zug in der Seine-Metropole normalerweise am *Gare de l'Est.* Hier haben auch die Züge aus Wien Endstation. Wer dagegen aus

Köln und Düsseldorf oder aus der Schweiz (Bern) kommt, erreicht die Metropole am *Gare du Nord.* Je nach Abfahrtsort und Reiseverlauf kann sich der Ankunftsort allerdings auch ändern.

Beide Bahnhöfe sind jedenfalls zu Fuß nur wenige Minuten voneinander entfernt. Um vom Bahnhofsgleis aus mit Metro oder S-Bahn *(RER B)* weiterzukommen, brauchen Sie nicht auf die Straße zu treten, sondern können unterirdisch zum nächsten Verkehrsmikttel umsteigen.

FLUGHÄFEN

Entweder landen Sie am Flughafen *Charles de Gaulle (CDG)* im Norden der Stadt oder in *Orly (ORY)* im Süden. Beide Flughäfen liegen ungefähr eine halbe Stunde vom Zentrum entfernt. Kommen Sie beispielsweise mit einem Lufthansa-Flug am Terminal 1 des Charles-de-Gaulle-Airports an, bringt Sie der kostenlose Bahnzubringer zur RER (S-Bahn). Von dort kommen Sie mit der RER B für 8,70 Euro in 50 Minuten ins Zentrum. Das ist billiger als die Bus-Shuttles: Der *Roissybus* fährt tagsüber alle 15 Minuten bis zur Haltestelle Opéra in der Stadt, kostet 9,40 Euro und benötigt 45–60 Minuten. Für die ähnliche Strecke wird beim *Air-France-Bus* 15 Euro *(Paris Étoile)* bzw. 16,50 Euro *(Paris Montparnasse)* veranschlagt. Weitere öffentliche Verkehrsmittel: die Busse 350 und 351 *(drei Einzelfahrscheine für insgesamt 5,10 Euro | 45–60 Minuten ins Zentrum).*

Vom Flughafen Orly aus ist die RER mit 10,25 Euro geringfügig teurer, da Sie hier die kleine Anschlussbahn *Orlyval*, die an das RER-Netz anschließt, mitfinanzieren. Der Orlybus kostet nur 6,60 Euro, fährt dann allerdings auch nur in 30 Minuten bis Denfert-Rochereau. Von dort aus müssen Sie mit der Metro weiter – umständlicher und teurer als die RER. Der Air-France-Bus kostet 11,50 Euro und hält am Gare Montparnasse.

Sie können natürlich auch ein Taxi von einem der Flughäfen nehmen, allerdings ist dies die teuerste Variante. Vom Charles-de-Gaulles-Airport kostet die Fahrt ins Zentrum je nach Ziel ab 39 Euro, vom Flughafen Orly aus ab 50 Euro. Weitere Informationen zu Fahrtzeiten, Streckenplänen und Tarifen finden Sie unter *www.aeroportsdeparis.fr*, die Website ist auf Englisch und Französisch.

START IN DIE STADT

UNTERWEGS IN PARIS

BUS, METRO, RER

Paris verfügt über ein sehr gut ausgebautes U-Bahn-Netz, die meisten Metro-Stationen liegen angeblich nicht weiter als 500 m voneinander entfernt. Es kann allerdings auch vorkommen, dass Sie, um zu einem bestimmten Ziel zu gelangen, mehrmals umsteigen müssen. Manchmal ist dann der überirdische Fußweg angenehmer als sich zu lange in den oft veralteten „Katakomben" der Pariser Metro aufzuhalten. Alle Metro-Tickets gelten generell auch für den Bus, wo Sie viel mehr von der Stadt sehen. Besonders attraktiv sind die Buslinien *73 (Triumphbogen, Champs-Élysées, place de la Concorde, Musée d'Orsay)* und *21 (Opéra Garnier, Louvre, Palais Royal, St. Michel, Île de la Cité, Jardin du Luxembourg, rue Mouffetard)*. Statt einer organisierten Busrundfahrt für rund 25 Euro zahlen Sie hier für ein Ticket nur 1,70 Euro. Leider muss man beim Ein- und Aussteigen wieder neu lösen.

Die normalen *tickets t* sind für 1,70 Euro an den meisten Metro-Schaltern erhältlich. Die Automaten sind auf Deutsch umstellbar. Beachten Sie, dass die Metro – auch wenn Sie sich in einer Großstadt befinden – nur bis 0.30 Uhr fährt. Infos zu vergünstigten Tickets finden Sie auf S. 10.

TAXI

Im europäischen Durchschnitt sind in Paris die Taxigebühren mit 2,20 Euro Grundgebühr und einem Minimumbetrag von 0,89 Euro pro km relativ niedrig. Am besten halten Sie ein Taxi mit weißem Licht auf dem Dach an der Straße an, dann müssen Sie die Anfahrt nicht extra bezahlen. An den Taxiständen wartet man in Paris oft vergebens, und bei einem Anruf *(Tel. 01 45 30 30 30)* zahlen Sie die Anfahrtsgebühren zusätzlich.

TOURISTENINFORMATION

Auskünfte erhalten Sie im zentralen Touristenbüro *Office du Tourisme et de Congrés de Paris (Juni–Okt. tgl. 9–19, Nov.–Mai Mo–Sa 10–19, So 11–19 Uhr | 25, rue des Pyramides | Tel. 08 92 68 30 00 | www.parisinfo.com | M7, 14: Pyramides | 1. Arr.)*

Weitere Touristenbüros sind an allen Bahnhöfen, Flughäfen sowie an der *place du Trocadéro (16. Arr.)*, bei *Notre Dame (11. Arr)*, an der *Champs-Élysées/avenue Marigny*

(8. Arr.) und an der *place du Tertre (18. Arr.)* zu finden. Sie bekommen dort ausführlich Auskunft zu Zimmervermittlung, Tickets, Events und Plänen, auch in englischer Sprache.

VELIB

Gegen die chronischen Verkehrsstaus hat die Stadt Paris 2007 *Vélib' (Velo libre service)*, ein Verleihsystem von Fahrrädern, eingeführt, das auch

Locker am Stau vorbei: Leihfahrräder sind in Paris der letzte Schrei

Touristen mit ihrer Kreditkarte nutzen können. Seitdem prägen die nahezu 1000 Stationen, an denen die geliehenen Fahrräder wieder abgestellt werden, das Stadtbild. Das Ausleihen ist in der ersten halben Stunde gratis, in der zweiten kostet es 1 Euro, in der dritten 2 Euro und ab der vierten halben Stunde 4 Euro. Dazu kommt die Basisgebühr von 1 Euro/Tag oder 5 Euro/Woche. Ganz Schlaue leihen sich nach 30 Minuten ein neues Rad.

Auf *www.velib.paris.fr* finden Sie einen Plan der Verleihstationen und Fahrradwege. Zwar ist man bemüht, die Radwege auszubauen, trotzdem ist Vorsicht angesagt: Die französische Fahrweise ist gewöhnungsbedürftig.

VERANSTALTUNGSMAGAZINE & GRATISZEITUNGEN

Veranstaltungsmagazine wie *Pariscope (0,40 Euro)* oder *L'Officiel du spectacle (0,40 Euro)* liegen mittwochs an allen Kiosken aus. *A Nous Paris* ist gratis und liegt montags gestapelt in den Metro-Gängen. Morgens, wenn der Arbeitstag beginnt, werden an den meisten Metro-Ein- und Ausgängen kostenlose Tageszeitungen verteilt. Die bekanntesten sind *20 Minute* und die vergleichbare *Metro*.

INTERNET & TELEFONIEREN

Die Metropole soll eine digitale Stadt werden – wovon Sie an den mehr als 400-WLAN-Plätzen (franz. Wifi) profitieren, die die Stadt kostenlos zur Verfügung stellt. In vielen öffentlichen Parks oder auch an bekannteren Orten wie im Centre Pompidou weisen Schilder auf drahtlose Internetverbindungen hin. Daneben gibt es in sehr vielen Cafés, Restaurants und Fastfood-Filialen *wifi gratuit*, ebenso wie in den meisten Hotels und Jugendherbergen. Eine Zusammenstellung der Hotspots finden Sie unter *www.cafes-wifi.com*. Daneben gibt es auch eine Reihe von Internet-Cafés wie zum Beispiel die Kette *Milk (tgl. durchgehend geöffnet | 31, boulevard de Sébastopol | www.milklub.com | M 1, 7, 14, RER: Chatelet–Les Halles | 1. Arr.)*.

Um teure Roaming-Kosten zu vermeiden, besorgen Sie sich für Gespräche innerhalb Frankreichs in einem Tabakladen oder Supermarkt eine günstigere französische Prepaid-Karte *(mobicarte)* der Hauptanbieter SFR oder Orange. Für Gespräche nach Hause eignet sich eine *Carte Intercall Monde (ab 8 Euro)*, bei der man bis zu 75 Prozent spart.

TOP 10

> Das sollten Sie nicht verpassen! Auch, wenn der eine oder andere Eintritt nicht immer den Geldbeutel schont, aber diese Sehenswürdigkeiten gehören zu Paris einfach dazu

1 ARC DE TRIOMPHE [142 B–C3]

Sternförmig laufen am mächtigen Triumphbogen 12 Avenuen zusammen. Die Aussicht vom zweiten Wahrzeichen der Stadt auf Paris und die Champs-Élysées ist fantastisch. *Eintritt 9,50 Euro | tgl. April–Sept. 10–23, Okt.–März 10–22.30 Uhr | place Charles de Gaulle | http://arc-de-triomphe.monuments-nationaux.fr | M1, 2, 6: Charles de Gaulle–Étoile | 8. Arr.*

2 EIFFELTURM [148 B2]

Vor allem nachts funkelt der stählerne Riese verführerisch. Jetzt sind Sie in Paris angekommen! *Eintritt ab 4,50 Euro | tgl. Jan.–12. Juni, 30. Aug.–Dez. 9.30–23.45, 13. Juni–Aug. 9–0.45 Uhr | Champ de Mars | www.tour-eiffel.fr | M6: Bir Hakeim | 7. Arr.*

3 ÎLE DE LA CITÉ [151 D–E2–3]

Trotz des Andrangs sind die alten Gassen der Seine-Insel auch heute noch romantisch. Lassen Sie sich zum Bummeln zwischen exklusiven Läden und netten Cafés verführen. *M4: Cité | 4. Arr.*

4 JARDIN DU LUXEMBOURG [150 B–D4–5]

Über das große Bassin ziehen Modellsegelboote, der Trubel der Stadt ist weit: Holen Sie einfach mal tief Luft im berühmtesten Park der Stadt, wie es die Pariser seit 400 Jahren tun. *Sommer 7.30–21.30, Winter 8.15–17 Uhr | boulevard St. Michel | RER B: Luxembourg | 5. Arr.*

5 MONTMARTRE [136–137 B–D3–5]

Man trifft sich vor der Basilika von Sacré Coeur, um die herrliche Aussicht auf die Stadt zu genießen. Und dann taucht man ein in die stimmungsvollen Gassen jenes Viertels, das noch immer ein wenig wie das Dorf wirkt, das es einmal war – bevor hier Renoir, van Gogh oder Toulouse-Lautrec lebten. *www.montmartre-paris-france.com | M2: Anvers, M12: Abbesses | 18. Arr.*

DIE BESTEN SEHENSWÜRDIGKEITEN

6 MUSÉE D'ORSAY [150 A–B2]

Der ehemalige Bahnhof beherbergt in seinen lichtdurchfluteten Hallen die weltweit größte Sammlung von Werken französischer Impressionisten. *Eintritt 8 Euro, EU-Bürger bis 25 Jahre frei | Di–So 9.30–18, Do bis 21.45 Uhr | 1, rue de la Légion d'Honneur | www.musee-orsay.fr | M12: Solférino | 7. Arr.*

7 MUSÉE DU LOUVRE [150 C1–2]

Eines der größten Museen der Welt ist längst nicht nur Heimstätte für die Venus von Milo oder Leonardo da Vincis Mona Lisa. In acht Themenbereichen sind 35000 Kunstwerke auf mehr als 60000 m² Fläche zu entdecken – eine Aufgabe gleich für mehrere Tage. *Eintritt Erwachsene 10 Euro (1. So im Monat frei), EU-Bürger bis 25 Jahre frei | Mi–Mo 9–18, Mi, Fr bis 22 Uhr | www.louvre.fr | M1, 7: Palais Royal-Musée du Louvre | 1. Arr.*

8 MUSÉE DU QUAI BRANLY [148 C1]

Ein Völkerkundemuseum, das sich sehen lassen kann: In einem eindrucksvollen Gebäude geht es in den Sammlungen einmal um die ganze Welt. Auch Kinder faszinieren die interaktiven Ausflüge nach Asien, Afrika, Ozeanien und Amerika. *Eintritt 8,50 Euro, EU-Bürger bis 25 Jahre frei | Di, Mi, So 11–19, Do–Sa 11–21 Uhr | www.quaibranly.fr | 222, rue de l'Université | M9: Iéna, RER C: Pont de l'Alma | 7. Arr*

9 NOTRE DAME [151 E3]

In der monumentalen Kirche auf der Île de la Cité litt Victor Hugos Glöckner, hier wurde Napoleon zum König gekrönt. Vom Turm des 850 Jahre alten Meisterwerks der Gotik geht der Blick über die Stadt. *Tgl. 8–18.45, Sa, So bis 19.15 Uhr | 6, place du Parvis de Notre Dame | www.cathedraledeparis.com | M4: Cité | 4. Arr.*

10 PLACE DES VOSGES [152 A–B3]

Place Royale war der ursprüngliche Name eines der ältesten und schönsten Plätze von Paris – wie passend. Wahrhaft königlich wirkt auch heute noch das symmetrische Ensemble von 36 herrschaftlichen Stadtpalais, in deren Arkaden sich elegante Kunstgalerien und Restaurants befinden. *M1: Saint-Paul, M1, 5, 8: Bastille | 4. Arr.*

> Kunstgenuss pur – oft völlig kostenlos. Denn Paris legt Wert darauf, dass seine Kulturschätze für alle da sind

In Frankreichs Hauptstadt warten mehr als 160 Museen auf Besucher. Mit 10 Euro Eintritt ist sogar der Louvre im internationalen Vergleich noch relativ günstig, zumal man die weltberühmte Sammlung – wie viele andere große Museen der Metropole – jeden ersten Sonntag im Monat gratis besuchen kann. Für EU-Bürger bis 25 Jahre ist der Eintritt übrigens immer kostenlos! Grundsätzlich keinen Eintritt kosten auch die Dauerausstellungen aller 14 städtischen Museen, darunter so berühmte Häuser wie das Musée de l'Art Moderne oder das Petit Palais. Aber auch sonst geizt Paris nicht mit seinen (preisgünstigen) kulturellen Reizen: In der Oper, im Ballett und Theater können Sie inmitten überbordenden Prunks Aufführungen für gerade mal 5 Euro erleben. Günstige Tickets bekommt man auch fürs Kino, ein Höhepunkt sind die sommerlichen Open-Air-Gratisvorstellungen im Parc de la Villette. Jazz-Fans erleben ihr (Gratis-)Festival im Parc Floral, Rock und Pop gibt's kostenlos beim Festival Villette Sonique, Anhänger klassischer Musik können in den Pariser Kirchen Gratiskonzerten lauschen. Und alle kommen *for free* auf ihre Kosten beim musikalischen Höhepunkt in den Pariser Straßen, der Fête de la Musique im Juni.

KULTUR & EVENTS

FESTIVALS & EVENTS

EUROPÄISCHE NACHT DER MUSEEN

Einmal im Jahr, an einem Samstagabend im Mai, kosten die meisten Pariser Museen keinen Eintritt. Umrahmt wird dieses Event oft noch von weiteren künstlerischen Programmen, das können dann in dieser einen Nacht mehr als 150 Veranstaltungen in 75 Museen sein. Dann kann es sein, dass im Garten des Musée Carnavalet *(S. 34)*, das der Stadtgeschichte von Paris gewidmet ist, klassische Musik gespielt wird, im Musée de la Chasse (Jagdmuseum) Tierfilme an die Wand projiziert werden und im Musée Cognacq-Jay die Restaurierung von Möbeln aus dem 18. Jh. demonstriert wird. Manche Häuser werden besonders schön angstrahlt, andere wie das Pariser Gewerbemuseum *(Musée des Arts et Métiers)* organisieren Schatzsuchen oder präsentieren Videoinstalltaionen. Das Programm ändert sich von Jahr zu Jahr, die Zahl der Besucher geht stetig nach oben: Die langen Warteschlangen meist sehr gut gelaunter Menschen vor den Museumstüren sorgen für echte Volksfeststimmung. *Eintritt frei | Sa im Mai 19–1 Uhr | www.nuitdesmusees.culture.fr*

NUIT BLANCHE

Anfang Oktober, wenn die Nächte länger werden, findet sie statt, die „weiße Nacht", in der nicht geschlafen wird. Stattdessen bewegen sich oft mehr als 1,5 Mio. erlebnishungrige Menschen nicht nur durch die Museen, sondern auch über öffentliche Plätze, auf denen alle möglichen zeitgenössischen Kunstinstallationen zu besichtigen sind. Einige Metro-Linien fahren länger, das Programm ist der Zeitung *Le Figaro* zu entnehmen. *Eintritt frei | Anfang Oktober*

Insider Tipp

TAGE DER OFFENEN TÜR IN KÜNSTLERATELIERS [147 E4]

Im östlichen Viertel Ménilmontant sind die Wohnungen noch günstiger, deshalb hat sich hier auch eine Unzahl von Künstlern angesiedelt. An vier Tagen Ende September öffnen sie ihre Ateliers, dann kann man noch wahre Schnäppchen ohne den Zwischenhandel in Galerien machen.

Doch selbst wenn Sie nichts kaufen möchten, so sind diese Tage doch eine spannende Sache. Immerhin können Sie den etwa 150 Künstlern (Maler, Bildhauer und Kunsthandwerker im Bereich Schmuck, Textil, Ton und Mosaik) kostenlos bei ihrer Arbeit über die Schultern schauen. Und sich mit ihnen an den teilweise sehr pittoresken Plätzen des Viertels unterhalten. Eine Zentralstelle gibt einen Plan zur Orientierung heraus. *Eintritt frei | Ende September | 42, rue des Panoyaux | www.ateliers demenilmontant.org | M2: Ménilmontant | 20. Arr.*

GALERIEN

PLACE DES VOSGES [152 A–B3]

Wie Perlen an einer Schnur reihen sich Kunstgalerien unter den eleganten Arkaden der altehrwürdigen place des Vosges. Abgesehen davon, dass der Platz selbst einen Besuch wert ist: Wer sich für zeitgenössische Malerei und Skulptur interessiert, ist hier bei einem Galerienbummel gut aufgehoben – wie ein Gratisbesuch im Kunstmuseum. Die Galeristen sind für Gespräche über die Stücke offen, die meist einen dekorativen Charakter ausstrahlen. Exemplarisch seien genannt: *Galerie du Marais (www.galerie-du-marais.com), Galerie Modus (www.galerie-modus.com)* und *Galerie Mickael Marciano (www.galerie-marciano.com). Tgl. 11–20 Uhr | place des Vosges | M1: St. Paul | 4. Arr.*

RUE DE SEINE [150 C2–3]

Ein solches Konzentrat an Kunstgalerien gibt es sonst nirgends in Paris. Kein Wunder: An der rue de Seine befindet man sich in unmittelbarer Nähe der Kunstakademie Beaux-

Arts, an der große Maler, deren Exponate heute im Louvre hängen, studiert haben. Auch der Besuch dieser Kunstgalerien ist wie ein kostenloser Bummel durch ein Kunstmuseum: Neben zeitgenössischen Malern sind hier auch internationale Größen der klassischen Moderne ausgestellt. Die kleine, enge Straße aus dem 15. Jh. tut ihr Übriges zur besonderen Atmosphäre, vorab können Sie sich im Internet informieren. Auf der entspre-

Fast wie ein Besuch im Kunstmuseum: Bummel durch die Galerien der rue de Seine

chenden Website sind alleine in der Rue de Seine 30 Adressen von Galerien aufgeführt. *Mo geschl. | rue de Seine | www.artsaintgermaindespres.com | M4, 10: Odeón | 6. Arr.*

KINO

CINEMATIQUE FRANÇAISE & FILMMUSEUM [159 D3]

Insider Tipp

Ein Ort, der die Herzen von Kinofans höher schlagen lässt! Schon die Architektur des Gebäudes von Frank Gehry ist sehenswert. Im Haus befinden sich neben Kinosälen mit günstigem Eintritt *(ab 3,50 Euro)* auch eine Bibliothek zur Kinokunst sowie eine voll spürbarer Leidenschaft aufgemachte Dauerausstellung zur Geschichte des Kinos. Wechselausstellungen vervollständigen das Angebot. Der perfekte Ausflugsort für einen verregneten Sonntagvormittag: Dann kostet nämlich der Eintritt ins Museum gar nichts. *Filmvorführung:*

CLEVER!

> Interessante Tickets für unter 30-Jährige

Die *Kiosque Paris Jeune* sind eine Einrichtung der Stadt Paris, über die junge Leute unter 30 Jahren an vergünstigte Tickets zu Kultur-und Freizeitangeboten in der Hauptstadt kommen. Das kann ein angesagtes Kabarett sein, ein Theaterstück oder auch ein Streetdancefestival. Ebenfalls im Angebot sind besondere Kinoveranstaltungen, Shows, Ausstellungen, Vorträge oder Sport-Events. Dabei handelt es sich um eine Art von „Last-Minute-Schnäppchen", pro Abend kann man pro Person zwei Karten zu vergünstigten oder sogar Gratis-Events ergattern. Frühestens zwei Tage vorher kann man einen Versuch starten und sich für die Buchungsnummer an einem der Kioske anstellen. Flexible Leute weichen auf andere als die angepeilten Events aus. Lassen Sie sich überraschen! *Le Marais: Mo–Fr 10– 19 Uhr | 14, rue François Miron | Tel. 01 42 71 38 76 | M1, 11: Hôtel de Ville | 4. Arr.* **[151 F3]**; *Champ de Mars: Mo–Fr 10–18 Uhr, Do-Nachmittag geschl. | 101, quai Branly | Tel. 01 43 06 15 38 | M6: Bir-Hakeim | 15. Arr.* **[148 B3]**; *Goutte d'Or: Di–Fr 11– 19 Uhr | 1, rue Fleury | Tel. 01 42 62 47 38 | M2, 4: Barbès-Rochechouart | 18. Arr.* **[137 E5]**

6,50 Euro, bis 18 Jahre 3,50 Euro; Museum: 5 Euro, bis 18 Jahre 2,50 Euro, So 10–13 Uhr frei | Mo–Fr 12–19, Do bis 22 Uhr, Sa, So, 10–20 Uhr | Tel. 01 71 19 33 | 51, rue de Bercy | www.cinematheque.fr | M6, 14: Bercy | 12. Arr.

FÊTE DU CINEMA

Während sieben Tagen Ende Juni, Anfang Juli findet ein frankreichweites Filmfestival statt, an dem sich auch ein großer Teil der Pariser Kinos beteiligt. Mit dem Kauf einer Karte zum normalen Preis erwerben Sie ein Sammelticket, alle weiteren Filme kosten dann nur 3 Euro Eintritt. Dieses Angebot wird ausgiebig genutzt, zumal die Franzosen bekannterweise eifrige Kinogänger sind. Übrigens werden die Filme immer in ihrer Originalsprache mit französischen Untertiteln gezeigt. Welche Kinos sich am der Aktion beteiligen, wird rechtzeitig auf der Website bekannt gegeben. *Eintritt 3 Euro | letzte Juni-Woche | www.feteducinema.com*

OPEN AIR KINO [139 E2–3]

Auf den großen Rasenflächen des Parc de la Villette wird von Mitte Juli bis Mitte August eine Riesenfilmleinwand aufgestellt. Dort können Sie – am schönsten in Verbidnung mit einem Picknick – dienstags bis sonntags nach Einbruch der Dämmerung Gratisfilme genießen. Gezeigt werden die Streifen im Originalton, es sind also auch viele in englischer Sprache dabei. Vor allem besteht das Programm aus einer ganze Reihe von Blockbustern und berühmten Produktionen, von alten Klassikern bis zu aktuellen Leinwandabenteuern. *Eintritt frei | Mitte Juli–Mitte Aug. Di–So | 211, avenue Jean Jaurés | www.villette.com | M5: Porte de Pantin | 19. Arr.*

RENTRÉE DU CINÉMA

Eine große Zahl Pariser Kinos bietet pünklich zur *rentrée (Rückkehr ins neue Schuljahr)* als „Trost für die verflossenen Ferien" an drei Tagen Mitte September Kinokarten für 4 Euro pro Film an. Eine tolle Gelegenheit, aktuelle Hollywood- und andere Produktionen zu einem vernünftigen Preis auf der großen Leinwand zu genießen. Genaues Datum und teilnehmende Kinos unter *www.rentreeducinema.com. Eintritt 4 Euro | drei Tage Mitte Sept.*

Im Kulturhaus Le Centquatre sprießen bunte Blüten der Fantasie

KUNST

CENTRE CRÉDAC [0]

Kulturhaus, in dem auf 600 m^2 internationale zeitgenössische Künstler wie z.B. Yan Pei-Ming ausstellen. „Crédac" steht als Abkürzung für „Centre de Recherche, d´ Échange et de Diffusion pour l´Art contempo-

rain“, eine Institution also, die sich für die Erforschung, den Austausch und die Ausbreitung zeitgenössischer Kunst verantwortlich fühlt. Ziel der Ausstellungen ist es letztlich, den Entstehungsprozess der Kunst durch Kontakt mit dem Künstler und Erkärungen nachvollziehen zu können – ein spannender Ausflug in eine interessante Welt! Im Gegensatz zu den Veranstaltungen im größeren und zentraleren *Palais de Tokyo* sind die Wechselausstellungen hier gratis. *Eintritt frei | Di–Fr 14–18, Sa, So 14–19 Uhr | 93, avenue Georges Gosnat | Tel. 01 49 60 25 06 | www.credac.fr | M7: Marie-d'Ivry | Ivry-sur-Seine, an 13. Arr. angrenzend*

CENTQUARTRE **[138 B3]**

Für viele gilt Paris als eine Stadt, die kulturell ausschließlich von ihrer Vergangenheit zehrt. Unter anderem, um diesem Image entgegenzuwirken, hat die Stadt vor einiger Zeit in den ehemaligen Hallen des städtischen Bestattungsunternehmens auf einer immensen Fläche ein Kulturhaus mit Ateliers eingerichtet. Hier können Sie nicht nur den rund 200 internationalen Malern, Musikern, Bildhauern, Designern und Tänzern bei ihrer Arbeit zuschauen, sondern sich auch mit den Ergebnissen in Form von Performances, Videoinstallationen und Konzerten auseinandersetzen – völlig kostenlos, versteht sich. Auch

Cafés und Restaurants sind in den Komplex integriert, aber während Wein für 3 Euro und der Café für 1,80 Euro preislich noch ganz fair sind, ist vom Hamburger für 12 Euro eher abzuraten. *Eintritt frei | Di–Sa 11–23, So, Mo 11–20 Uhr | 104, rue d'Aubervilliers | Tel. 01 40 05 51 71 | www.104.fr | M2, 5, 7: Stalingrad | 19. Arr.*

ESPACE CULTUREL LOUIS VUITTON **[142 C3]**

Im 7. Stock dieses absoluten Luxustempels für Shoppingjünger der Edelmarke an der Champs-Élysées eröffnet sich Ihnen nicht nur ein weiter Blick über die Stadt, sondern es werden auf 400 m^2 auch Ausstellungen zu zeitgenössischer Kunst inszeniert, die dreimal im Jahr wechseln. Dazu gehören Performances, Videoinstallationen, Fotografie, großflächige Malerei oder Skulpturen. Und das Feinste: Der Eintritt ist gratis!

Sie können sich entweder in die stetige Schlange der Besucher aus Asien am Eingang des Geschäftes – auch sehr beeindruckend – einreihen. Oder Sie nehmen gleich den kürzeren Weg über die Seitenstraße rue Bassano und fahren mit einem Aufzug in den 7. Stock, in dem Sie das schwärzeste Schwarz Ihres Lebens erleben. Der Lift selbst gilt als Kunstwerk und wurde vom dänischen Künstler Olafur Elliasson gestaltet. *Eintritt frei | Mo–Sa 12–19 Uhr, So ab 11 Uhr | 101, avenue des Champs-Élysées oder 60, rue Bassano | M1: George V | 8. Arr.*

LITERATUR

MAISON DE BALZAC **[148 A3]**

Den Freunden alter, französischer Literatur sei die kostenlose Besichtigung des ehemaligen Wohnhauses von Honoré Balzac (1799–1850) ans Herz gelegt. Der Autor der „Menschlichen Komödie" lebte ab 1840 sieben Jahre lang in dem Haus mit seinem romantischen Garten. *Eintritt frei (Dauerausstellung) | Di–So 10–18 Uhr | 47, rue Raynouard | www.paris.fr | M6: Passy | 16. Arr.*

MAISONS DE VICTOR HUGO **[152 B3]**

Von 1832 bis 1848 lebte Victor Hugo („Der Glöckner von Notre Dame", „Les Misérables") in diesem 280 m^2 großen Apartment im zweiten Stock des Hôtel de Rohan-Guéménée. Möbel, Dokumente und von Hugo selbst gemalte Bilder erwecken den Eindruck, als hätte der Schriftsteller die Räume gerade erst verlassen. Eindrucksvoll: der Blick auf den wunderschönen place des Vosges! *Eintritt frei | Di–So 10–18 Uhr | 6, place des Vosges | M1: Saint Paul | 4. Arr.*

MUSEEN

MUSÉE D´ART MODERNE DE LA VILLE DE PARIS [142 C5]

In den angenehmen luftig hellen Hallen des Museums für moderne Kunst können Sie bei freiem Eintritt die

CLEVER!

> Bekannte Museen zum kleinen Preis

Die stolze Zahl von insgesamt 14 städtischen Museen *(Mo geschl.)* können Sie immer kostenlos besuchen, nur die zeitlich begrenzten Sonderausstellungen kosten Eintritt. Zu den Museen zählen solche wichtigen Häuser wie das *Musée de l'Art Moderne de la Ville de Paris (Di–So 10–18, Do bis 22 Uhr | 11, avenue du Président Wilson | http://mam.paris.fr | M9: Iéna | 16. Arr.* [142 C5]*)*, das mit seinen mehr als 8000 Werken einen Bogen über die Kunst des 20. Jhs. schlägt. Der *Petit Palais (Di–So 10–18, Do bis 20 Uhr | avenue Winston Churchill | www.petitpalais.paris.fr | M1, 13: Champs-Élysées/Clémenceau | 8. Arr.* [143 E5]*)* wurde für die Weltausstellung 1900 gebaut und beherbergt nach einer umfassenden Renovierung das deutlich vergrößerte Museum der schönen Künste. Auch das *Maison de Balzac (S. 26)*, die *Maisons Victor Hugo (S. 26)* oder die archäologische *Ausgrabungen unter Notre Dame (Di–So 10–18 | 7, parvis Notre-Dame | www.crypte.paris.fr, www.carnavalet.paris.fr | M4: Cité | 4. Arr.* [151 E3]*)* gehören dazu. Eine vollständige Liste aller städtischen Museen, die Sie kostenlos besuchen können, finden Sie unter *www.paris.fr.*

Seit 2009 sind übrigens auch alle nationalen Museen *(Di geschl.)* für EU-Bürger bis 25 Jahre gratis! Dazu gehören viele große Museen wie der *Louvre*, das *Centre Pompidou*, das *Musée du Quai Branly* oder das *Musée d'Orsay*. Aber auch die über 25-Jährigen müssen bei letztgenannten Museen nicht immer in den sauren Apfel von ungefähr 10 Euro Eintritt beißen: Jeden ersten Sonntag des Monats ist der Eintritt kostenlos.

Bilder von Delaunay, Braque, Picasso und anderen Künstlern ähnlicher Klasse bewundern. Raoul Dufys „La-Fée Electricité" gilt als eines der größten Gemälde der Welt. Insider Tipp Von der Café-Terrasse hat man einen schönen Blick auf den Eiffelturm. *Eintritt frei (Dauerausstellung) | Di–So 10–18, Do bis 22 Uhr | 11, avenue du Président Wilson | http://.mam.paris.fr | M9: Iéna | 16. Arr.*

MUSÉE ZADKINE [156 C1]

Besonders der frei zugängliche Skulpturengarten des russischen Bildhauers, der lange Zeit in Paris gelebt hat, besticht: Ossip Zadkine hat die mehr als 100 ausgestellten, kubistisch-angehauchten Figuren in verschiedensten Materialien wie Keramik, Marmor, Bronze oder Holz gestaltet. Auch sein Atelier ist zu besichtigen. *Eintritt frei | Di–So 10–18 Uhr | 100, bis rue d'Assas | Tel. 01 55 42 77 20 | www.paris.fr | RER B: Port-Royal | 6. Arr.*

MUSIK

BANLIEUES BLEUES

Eines der bekanntesten Jazz-Festivals, das immer im März und April während fünf Wochen an den verschiedensten Orten am östlichen Pariser Stadtrand stattfindet. Je nach Bekanntheitsgrad der internationalen Musikgruppen variieren die Preise, die Ticketpreise beginnen aber schon ab günstigen 7 Euro. Und dafür ist Jazz allerfeinster Güte garantiert!

Oft sind alte Fabrikhallen oder ähnlich spannende Locations Ort der Auftritte. Das genaue Programm teilnehmender Künstler und die Veranstaltungsorte sind rechtzeitig auf der Homepag des Events zu finden. *Eintritt ab 7 Euro | März/April | www.banlieuesbleues.org*

CITÉ INTERNATIONAL DES ARTS [151 F3]

Fast jeden Dienstag finden hier im großen Auditorium der Cité international des Arts kostenlose klassische Konzerte mit internationalen Orchestern und Solisten statt. Einfach ohne Voranmeldung pünktlich erscheinen. Im gleichen Gebäude stellen Künstler aus, die ihre Ausstellungen zweimal im Monat jeweils mittwochabends eröffnen. Die Cité international ist eine seit 1965 existierende Stiftung zur Förderung internationaler Künstler in Frankreich. Mittlerweile wohnen und arbeiten hier über

300 Künstler aus Bildender Kunst, Musik und Literatur. Sie bleiben zwischen drei Monate und einem Jahr in Paris. *Eintritt frei | Di 20.30 Uhr | 18, rue de l'Hôtel de Ville | Tel. 01 42 78 71 72 | www.citedesartsparis.net | M7: Pont Marie | 4. Arr.*

ÉGLISE SAINT-MERRI [151 E2]

In der Apsis dieser schönen spätgotischen Kirche finden regelmäßig Kammerkonzerte statt. Die Kirche ist nur wenige Schritte vom Centre Pompidou entfernt. *Eintritt frei | Sa 21, So 16 Uhr | 78, rue Saint-Martin | Tel. 01 42 71 40 75 | M1: Hôtel de Ville | 4. Arr.*

FÊTE DE LA MUSIQUE

Nachdem der damalige Kulturminister Jack Lang am 21. Juni 1982 das erste Fête de la Musique ins Leben gerufen hatte, ist das Musikfestival am längsten Tag des Jahres immer populärer geworden, sodass es in vielen europäischen Städten nachgeahmt wurde. An jeder Ecke von Paris treten Amateur- und Profimusiker kostenlos auf. Die Stimmung ist meist grandios! Es kann vorkommen, dass alte Omas aus dem Marais mit den Schwulen des Viertels zu den Klängen der Oldie-Band am idyllischen place St. Catherine tanzen, während fünf Gehminuten weiter ein klassisches Symphonieorchester im Garten des Stadtpalais Hôtel Sully aufgebaut ist. Da es keine zeitliche Begrenzung gibt, fährt die Metro an diesem Tag länger. Genauere Beschreibung der unzähligen Programmpunkte finden Sie in der Sonderbeilage des *Figaro* oder unter *www.fete-musique.net.*

KONZERTE IN NOTRE DAME [151 E3]

Jeden Sonntag um 16.30 Uhr gibt es in der wohl wichtigsten Kirche von Paris kostenlose Orgelkonzerte. Während Sie dem überwältigendem Klangvolumen der Orgelpfeifen lauschen, können Sie die gotische Architektur bewundern. Der Grundstein des Gebäudes wurde schon 1163 gelegt und hier fanden auch die wichtigsten Feierlichkeiten in der Geschichte Frankreichs statt. *Eintritt frei | So 16.30 Uhr | 6, place du Parvis de Notre Dame | www.cathedraledeparis.com | M4: Cité | 4. Arr.*

PARIS JAZZ FESTIVAL [161 D3]

Den ganzen Juni und Juli über finden jeweils samstags und sonntags Jazzkonzerte mit oft international renommierten Musikern im Parc Floral statt. Während der Park im Osten der Stadt mit See und Botanischem Garten so schon ein lohnenswertes, preisgünstiges Ziel darstellt *(Eintritt 5 Euro)*, bietet er als Kulisse während der zwei Sommermonate eine Insider Tipp wirklich entspannende Open-Air-Atmosphäre. Und die Konzerte sind kostenlos! *Eintritt frei | Juni, Juli Sa, So 9–20 Uhr | Parc Floral de Paris, avenue de Nogent | Programm: www.parisjazzfestival.fr | M1: Château de Vincennes | 12. Arr.*

RADIO FRANCE **[0]**

Der Turm von Radio France, der aus dem 16. Arrondissement herausragt, ist aus der Skyline von Paris nicht mehr wegzudenken. An mindestens einem Wochenende pro Monat werden in den Sälen des Radiosenders und im Konzertsaal des Petit Palais Gratiskonzerte klassischer Musik und Jazz dargeboten. Insgesamt sind es jährlich bis zu 150 Gratisveranstaltungen, darunter auch *Jazz sur le vif*, eine Sendung, die jeden 2. Samstag jeweils um 17.30 Uhr vor Publikum aufgenommen und ausgestrahlt wird. Aber auch interessante Newcomer wie die mittlerweile bekannte Schweizer Musikerin Sophie Hunger treten dort auf. Am besten, Sie melden sich über die Homepage von Radio France *(www.radiofrance.fr)* vorher an. *Eintritt frei | Maison de Radio France | 116, avenue du Président Kennedy | Tel. 01 65 40 15 16 | M10: Mirabeau | 16. Arr.*

ST. EUSTACHE **[151 D3]**

In der Kirche St. Eustache aus dem 16. Jh., nahe von Les Halles, der ehemaligen Markthallen von Paris, gelegen, befindet sich eine der größten Orgeln Frankreichs. Hier finden jeden Sonntag kostenlose Orgelkonzerte (Bach, Vivaldi, Mozart) statt, gespielt von renommierten Musikern. Sie sollten rechtzeitig kommen, um sich einen Platz zu sichern, denn die wöchentlichen Musik-Events sind gut besucht. Das jeweilige Programm finden Sie unter *www.st-eustache.org. Eintritt frei | So 17.30–18 Uhr | 2, impasse Saint-Eustache | M4: Les Halles | 1. Arr.*

TECHNO PARADE

Jedes Jahr im September treffen sich seit 1998 400 000 Techno-Fans in Paris, um zu ihrer Musik kräftig abzufeiern. Im Unterschied zur letzten Loveparade in Duisburg führt hier der Zug der rund 20 Wagen mit 150 Musikern und DJs etwa 5 km durch die Straßen der Stadt. Das Event ist Teil des *Rendez-vous électronique*, des Festivals elektronischer Musik. Nach der Parade wird in unzähligen Bars und Clubs weitergefeiert. Organisiert wird das Event von Technopol, einer Vereinigung, die auch auf politischer Ebene etwa für die Rechte von DJs kämpft. *Eintritt frei | Sept., Parade 12–17 Uhr | www.technopol.net, www.myspace.com/technoparade*

VILLETTE SONIQUE **[138 B5]**

Ende Mai, Anfang Juni wird jedes Jahr der Parc de la Villette gerockt. Das heißt: jede Menge Indie und Alternative von mehr als 40 Bands, die an unterschiedlichen Abenden auftreten. Eine ganze Reihe von Konzerten am Wochenende ist gratis, andere kosten zwischen 9 und 45 Euro. Immerhin traten in der Vergangenheit so bekannte Namen wie Joanna Newsom, Roy Harper, Diamanda Galas oder The Jesus Lizard bei dem entspannten Festival unter freiem Himmel auf. *Eintritt frei oder 9–45 Euro |*

CLEVER!

> Zeit und Geld sparen mit dem Paris Museum Pass

Das ist der große Nachteil bei weltberühmten Museen und Sammlungen wie dem Louvre, dem Schloss Versailles oder dem Musée d'Orsay: Vor den Toren der Kulturtempel stauen sich die Besucherströme an den meisten Tagen im Jahr zu langen Schlangen. Falls Sie – wie es sich in Paris anbietet – sehr viele Museen besuchen möchten, kann das Anstellen nach Eintrittskarten zu einem entscheidenden Zeitfaktor während einer Paris-Reise werden. Wenn Sie also verschiedene Museumsbesuche planen und über 25 Jahre alt sind, sind Sie mit dem *Paris Museum Pass (www.parismuseumpass.com)* auf der sicheren Seite. Er ist entweder 2, 4, oder 6 Tage gültig und kostet dann enstprechend 32, 48 oder 64 Euro. Gültig ist der Pass für sage und schreibe mehr als 60 (!) Museen. Es gibt ihn bei der *Touristeninformation (S. 13 | www.paris.fr)* oder in einer der Filialen der *Kaufhauskette Fnac (www.fnac.com)*.

Ende Mai, Anfang Juni | 211, avenue Jean Jaurés | www.villettesonique.com | M7: Parc de la Villette | 19. Arr.

OPER & THEATER

OPÉRA BASTILLE [152 B4]

Passend zur Architektur und der modernen Bühnentechnik der 1989 erbauten Opéra Bastille werden hier tendenziell eher zeitgemäße Inszenierungen aufgeführt. Stehplätze gibt es bereits für 5 Euro, wenn Sie Glück haben, können Sie später noch nicht besetzte Sitzplätze ergattern. *Kartenverkauf (ab 5 Euro) Mo–Sa 10.30–18.30 Uhr | 120, rue de Lyon | www.operadeparis.fr | M1, 5, 8: Bastille | 12. Arr.*

OPÉRA GARNIER UND COMÉDIE-FRANÇAISE

Sowohl die berühmte Opéra Garnier, in deren Keller das Phantom der Oper gehaust haben soll und die auf klassisches Ballett spezialisiert ist, als auch die legendäre Comédie-Française (traditionelle Theaterstücke), die 1680 gegründet wurde, zeugen mit viel rotem Plüsch und goldenem Stuck von der Pracht vergangener Epochen. Es ist ein besonderes Erlebnis, sich dort eine Vorstellung anzusehen und in der Pause durch die Prunkräume zu spazieren. Zumal es Plätze in beiden Häusern schon für 5 Euro gibt – wenn es Sie nicht stört, dass Sie keine ungehinderte Sicht *(visibilité faible)* auf die Bühne haben. *Opéra Garnier: Kartenverkauf (ab 5 Euro) Mo–Sa 10.30–18.30 Uhr | place de l'Opéra | www.operadeparis.fr | M5: Opéra | 9. Arr.* [144 B4]; *Comédie-Française: Kartenverkauf (ab 5 Eur) tgl: 11–18 Uhr | place Colette | www.comedie-francaise.fr | M1, 7: Palais Royal–Musée du Louvre | 1. Arr.* [150 C1]

TYPISCH PARIS

LA DEFENSE [160 C2]

Nicht nur Liebhabern moderner Architektur schlägt hier das Herz höher, sondern allen, die monumentales Großstadtfeeling erleben wollen. Die Anfänge der größten Bürostadt Europas, mit der RER nur 10 Minuten vom Triumphbogen entfernt, liegen bereits in den 1950er-Jahren. Heute ist sie mit rund 200 ultramodernen Hochhäusern ein wahres Freiluftmuseum der Architektur.

Die Fahrt auf die 110 m hohe *Grande Arche*, das moderne Gegenstück zum in der Verlängerungsachse liegenden Arc de Triomphe, kostet 10 Euro. Sie haben aber bereits von des-

Bild: Glas, Stahl, Beton – und manchmal etwas Farbe: La Defense

sen Treppen einen atemberaubenden Panoramablick auf das gewagt geschwungene, scheinbar schwerelose CNIT-Gebäude mit seinem Rieseneinkaufszentrum. Und auf jede Menge andere Bauwerke, die direkt aus der Zukunft zu kommen scheinen und zum Teil noch im Wachsen sind.

Ein interessantes Gratismuseum im Untergeschoss des großen Platzes gegenüber des CNIT zeigt die Entwicklung von La Defense anhand von Modellen und Schautafeln. *Eintritt frei | Museum: tgl. 10–18, Sa, So bis 19 Uhr | M1, RER A: La Defense*

MUSÉE CARNAVALET (MUSEUM ZUR STADTGESCHICHTE) **[152 A2]** Insider Tipp

An einem Regentag können Sie hier in den über 100 abwechslungsrei-

CLEVER!

> Große Leinwand für kleines Geld

Der Eiffelturm steckt die Spitze in die tief hängenden Wolken, über der Champs-Élysées weint der Himmel und Sie haben schon alle wichtigen Museen gesehen? Der Notfall ist eingetreten, zumal, wenn Sie mit Kindern unterwegs sind. Wie wär's also mit einem mittäglichen Kinobesuch? Schließlich sind Sie im Urlaub – und die Franzosen große Kinogänger. Im Land der Nouvelle Vague, von Truffaut, Godard, Chabrol, Rivette und Malle, spricht man sogar ehrfurchtsvoll von der „7iéme Art" , der „siebten Kunst". Entsprechend reichhaltig ist das Angebot in den Pariser Lichtspielhäusern – und in manchen Kinos am Mittag auch noch um die Hälfte billiger als am Abend. Außerdem kann man dabei auch noch etwas lernen: Die Filme laufen immer in Originalsprache und haben französische Untertitel, die beste Art, sein Schulfranzösisch aufzubessern. Eine Auswahl interessanter Kinos: *Epée de Bois (tgl. 10, 12 Uhr | Karten 4 Euro | 100, rue Mouffetard | www.cinema-epee-de-bois.fr | M7: Place-Monge | 5. Arr.* **[157 E2]***); Grand Action (tgl. vor 14 Uhr | Karten 5 Euro | 5, rue des Écoles | www.legrandaction.com | M10: Cardinal-Lemoine | 5. Arr.* **[151 E5]***); Filmothèque du Quartier Latin (tgl. 12 Uhr | Karten 5 Euro | 9, rue Champollion | www.lafilmotheque.fr | M1: Cluny–La Sorbonne | 5.Arr.* **[151 D4]***).*

chen Sälen des edlen Stadtpalais der Madame Sevigné in die Geschichte der Stadt Paris eintauchen – ohne einen Cent zu bezahlen! Bilder, Skulpturen und Modelle der Stadt beleuchten die Entwicklung der Metropole. Sogar das Zimmer von Marcel Proust wurde nachgebaut: Der berühmte Autor schuf mit seinem monumentalen Roman „Auf der Suche nach der verlorenen Zeit" eines der bedeutendsten literarischen Werke des 20. Jhs. und starb 1922 in Paris. *Eintritt frei | Di–So 10–18 Uhr | 23, rue de Sevigné | Tel. 01 44 59 58 58 | M1: Saint-Paul | 3. Arr.*

MUSÉE DU PARFUM **[144 B3]**

In diesem schönen Palais gegenüber der alten Oper werden Sie – bei freiem Eintritt und unter anderem auch im Rahmen von Gratisführungen – in die Herstellung von Parfum eingeweiht. Riechproben zum Erraten von Düften, historische Flakons aus verschiedenen Jahrhunderten und nostalgische Etiketten lassen den Besucher in die Welt dieses typisch französischen Produkts eintauchen. Wer möchte, kann am Ende – dann natürlich gegen Bezahlung – ein Souvenir der berühmten Parfumerie „Fragonard" aus Grasse mitnehmen, die das kleine Museum eingerichtet hat. *Eintritt frei | Mo–Sa 9–18, So 9–17 Uhr | 9, rue Scribe | M3, 8: Scribe | 2. Arr.*

HÔTEL DE VILLE **[151 D1]**

Auf dem Dach des imposanten Pariser Rathauses im Zentrum der Stadt sind nicht nur über hundert Statuen von „großen Franzosen" zu sehen. Die Stadt organisiert hier vor allem auch brillant aufgemachte Sonderausstellungen zu typisch französischen Persönlichkeiten wie etwa Gustave Eiffel, die sehr informativ und immer gratis sind. *Eintritt frei | Mo–Sa 10–19 Uhr | rue de Rivoli | Tel. 01 42 76 50 49 | www.paris.fr | M1: Hotel-de-Ville | 4. Arr.*

NOTRE DAME **[151 E3]**

Sie gehört mit Sicherheit zu den berühmtesten Kirchen der Welt: die Kathedrale Notre Dame. Jeden Freitag und Samstag wird eine kostenlose Führung angeboten – in deutscher Sprache! Startpunkt ist unter der großen Orgel jeweils um 14 Uhr. *Kostenlos | 6, place du Parvis de Notre Dame | www.cathedraledeparis.com | M4: Cité | 4. Arr.*

Insider Tipp

> Ob Action, Genuss oder Exotik: Paris bietet Ihnen jede Menge Möglichkeiten, ohne Ihr Budget zu strapazieren

Vielfalt heißt das Zauberwort unterm Eiffelturm. In Paris können Sie auf Rollerblades über die großen Boulevards flitzen, Beach-Volleyball am Sandstrand spielen oder nach Indien fahren, nach China und Afrika – zum Preis eines Metro-Tickets. Die Mulit-Kulti-Viertel der Stadt locken mit viel Exotik, fremdartigen Düften und fröhlichen Läden und Geschäften. Sie können aber auch hoch hinaus, denn nur, wer Paris von oben gesehen hat, hat das ganze Bild der prächtigen Seine-Metropole vor Augen. Und dabei müssen Sie nicht unbedingt die teuren Aussichtspunkte wählen, eine tolle Gratissicht hat man etwa auch aus dem 9. Stock des Institut du Monde Arabe, das zudem eines der architektonischen Highlights von Paris ist. Oder von der Kuppel der Galeries Lafayette, wo Sie ganz nebenbei auch noch eins der prächtigsten Kaufhäuser der Welt erleben. Aber die Metropole reizt nicht nur die Sinne, sie bietet auch jede Menge Möglichkeiten, zur Ruhe zu kommen: etwa beim kostenlosen Qigong im Parc des Buttes-Chaumont, beim Spaziergang über den berühmten Friedhof Père Lachaise oder bei einem Kaffee in der grünen Oase der Tuilerien. Lassen Sie das Pariser Lebensgefühl auf sich wirken!

MEHR ERLEBEN

ACTION & SPORT

COURSE DU P'TIT DÉJ

Jedes Jahr Anfang April findet der große Paris-Marathon statt, zu dem regelmäßig 40 000 Teilnehmer kommen – trotz Kosten ab 60 Euro. Für das große 42,2-km-Rennen am Sonntag werden wichtige Boulevards der Innenstadt abgesperrt. Am Samstag davor findet die softere Gratisversion statt: Auf einer Strecke von 1,5 bis 5 km Länge starten beim kostenlosen „Frühstücksrennen" alle, die ein solches Spektakel schon immer mal aus der Läuferperspektive erleben wollten – Eltern und ihre Kinder und alle, denen ein Marathon dann doch zu heftig ist. Schmink- und Essensstände machen das samstägliche Sportevent zu einem großen fröhlichen Jahrmarkt. *Kostenlos | Anfang April | Infos unter www.parismarathon.com*

EISLAUFEN [151 E2] Insider Tipp

Vor solch einer Kulisse sind Sie bestimmt noch nie auf den Kufen gestanden: Zwischen Mitte Dezember und Ende Februar verwandelt sich der rund 1700 m² große Platz vor dem prächtigen Hôtel de Ville, dem Pariser Rathaus, in eine quirlige Eislaufszene. Der Zugang ist gratis, das Ausleihen von Schlittschuhen kostet 5 Euro. *Kostenlos | Mo–Fr 12–22, Sa, So 9–22 Uhr | www.paris.fr | M 1, 11: Hôtel de Ville | 4. Arr.*

PARI ROLLER [155 F2]

Bis 1994 schossen sie auf ihren Touren noch illegal durch die Straßenschluchten von Paris, die Inline-Skater von Pari Roller. Dann gründeten sie einen gemeinnützigen Verein und seitdem werden jeden Freitagabend etwa 30 km der Straßen von Paris abgesperrt. Tausende von Inline-Skatern jagen dann auf der weltgrößten Tour dieser Art durch die Metropole, geschützt von der Polizei und begleitet von Ordnern. Die Teilnahme ist kostenlos, aber man muss ein geübter Skater sein: In einem Affentempo geht es über Kopfsteinpflaster, Steigungen und durch Tunnels. Der ge-

Im gleißenden Licht: Blick von den Galeries Lafayette auf die Opéra Garnier

naue Verlauf der Strecke wird jeweils am Vorabend auf der Website des Vereins bekanntgegeben, bei dem man sich übrigens auch versichern lassen kann. Bei Regen fällt der Spaß leider aus. *Kostenlos | Fr 22–1 Uhr | Treffpunkt: zwischen Bahnhof Montparnasse und Tour Montparnasse | www.pari-roller.com | M4, 6, 12 ,13: Montparnasse Bienvenüe | 6. Arr.*

ROLLER ET COQUILLAGES [152 B3]
Wer gerne Paris auf Inline-Skates entdecken möchte, wem aber das freitagabendliche Pari-Roller-Spektakel zu schnell ist, auf den wartet am Sonntagnachmittag eine ähnliche, aber gemütlichere Veranstaltung. Dann geht es – im selbst für Anfänger geeigneten Tempo – mit bis zu 30 000 Gleihgesinnten 20 km weit über die Boulevards und Plätze von Paris. Im Internet kann man über die Streckenführung abstimmen, die Teilnahme ist kostenlos. Skates, Helme und Schutzkleidung verleiht *Roller Nomades (8 Euro/Tag | 37, boulevard Bourdon | Tel. 01 44 54 94 42 | M1, 5, 8: Bastille | 4. Arr.). Kostenlos | So 14.30–17.30 Uhr | Treffpunkt: place de la Bastille | www.rollers-coquillages.org | M1, 5, 8 : Bastille | 4.Arr.*

TOUR RANDO VÉLO [151 E2]
Paris by bike – und by night: Jeden Freitagabend und jeden dritten Sonntag des Monats wird eine Gratis-Rallye mit dem Fahrrad *(Verleih, siehe „Start in die Stadt")* angeboten. Ungefähr 20 km weit und 2,5 Stunden lang geht es gemeinsam mit Gleichgesinnten durch die Metropole. Eine ganz besondere Sicht auf Paris, vor allem, wenn Sie sich freitags bei Dunkelheit in den Sattel schwingen. *Kostenlos | Fr 21.30 Uhr u. jeden 3. So des Monats | Treffpunkt: vor dem Rathaus Hôtel de Ville | www.parisrandovelo.com | M1, 11: Hôtel de Ville | 4. Arr.*

AUSSICHT

Neben den teuren Pariser Aussichtsplätzen wie Tour Montparnasse, Eiffelturm, Triumphbogen oder Notre Dame gibt es auch einige weitere atemberaubende Perspektiven – und zwar ganz umsonst.

GALERIES LAFAYETTE [144 B3]
Wenn Sie in diesem Traditionskaufhaus, einem der ältesten in Frankreich, mit seiner prachtvoller Belle-Époque-Kuppel bis zur 6. Etage fahren und danach noch ein paar Trep-

pen hinaufsteigen, haben Sie einen wunderbaren Ausblick auf die gegenüberliegende Opéra Garnier und das Stadtzentrum – völlig gratis. Und wenn Sie doch ein wenig in Komfort investieren wollen: An schönen Sonnentagen im Sommer hat hier in luftiger Höhe das Café geöffnet – für einen *café au lait* mit Aussicht. *Eintritt frei | Mo–Sa 9.30–20, Do 9.30–21 Uhr | 40, boulevard Haussmann | M7: Opéra | 9. Arr.*

INSTITUT DU MONDE ARABE [151 F4]

Schon allein die bemerkenswerte Architektur des Gebäudes begeistert, in dem das Institut untergebracht ist, das Frankreichs Beziehungen zur arabischen Welt fördern soll. Mit dem Einsatz tausender mechanischer Blenden, die sich an der Südfassade bei zunehmendem Sonnenlicht wie die Iris eines Auges schließen, ist dem Architekten Jean Nouvel ein preisgekrönter Entwurf gelungen: die Verbindung von arabischer und High-Tech-Architektur.

Anziehend wirkt das Kulturinstitut mit seinem bemerkenswerten Museum zur arabisch-muslimischen Kultur aber nicht nur von außen. Mit dem Fahrstuhl können Sie ohne ein Ticket zu lösen bis in die 9. Etage fahren. Von der Dachterrasse aus genießen Sie dann einen phänomenalen Blick auf die Seine-Inseln mit Notre Dame und die ganze dahinter liegende Skyline von Paris. *Eintritt frei | Di–So 10–18 Uhr | 1, rue des Fossés Saint-Bernard | Tel. 01 40 51 38 38 | www.imarabe.org | M10: Cardinal Lemoine | 5. Arr.*

SACRÉ COEUR [137 D4]

Weniger aufgrund ihrer architektonischen Qualität als aufgrund ihrer außergewöhnlichen Lage ist die über der Stadt thronende, blendend weiße Kirche einer der wichtigsten touristischen Anziehungspunkte. Nachdem Sie die zahlreichen Treppen überwunden haben, die Sie auf den Hügel von Montmartre, die höchste Erhebung der Stadt, führen, liegt Ihnen ganz Paris zu Füßen. Am besten steigen Sie zum Sonnenuntergang hoch, wenn langsam die Lichter der Stadt zu funkeln beginnen und dann, zur vollen Stunde, der Eiffelturm im kristallen leuchtenden Glitzergewand erscheint. Als kostenloses Abendprogramm bekommen Sie anschließend auf den verschiedenen Zwischen-

Insider Tipp

ebenen der Treppe ein vielfältiges Programm an Straßenmusik geboten. *rue Briquet | M1: Anvers | 18. Arr.*

MULTI-KULTI

CHINATOWN [157 F4]

Günstiger kommen Sie nicht mehr nach China! In Paris leben europaweit die meisten Chinesen, und von den drei verschiedenen Chinatowns ist das um die place d'Italie das Größte. Unzählige Restaurants und Garküchen machen sich hier Konkurrenz, was sich prompt im Preisniveau niederschlägt *(Essen im Restaurant 12 Euro, an der Garküche 6 Euro).* Außerdem finden Sie hier natürlich auch jede Menge exotischen asiatischen Nippes aller Art.

Am quirligsten ist das Viertel am Samstag, wenn viele zum größten chinesischen Supermarkt Europas, den *Tang Frères (48, avenue d'Ivry),* eilen. Schließen Sie die Augen und beamen Sie sich nach Asien. Gerüche, Stimmen und Stimmungen sorgen dafür, dass Sie sich im Handumdrehen nicht mehr in Frankreich befinden. In direkter Nachbarschaft des Supermarktes der Gebrüder Tang liegt übrigens noch ein zweites chinesisches Riesenkaufhaus: Auch bei *Paris Store (44, avenue d'Ivry | www.paris-store.com)* finden Sie jede Menge exotische Produkte aus dem Reich der Mitte. Besonders aufregend wird's Anfang Februar, dann findet der Neujahrsumzug statt und riesige bunte Drachen tanzen durch die Straßen. *Im Bereich place d'Italie, avenue d'Ivry, avenue de Choisy | www.chine-informations.com | M5, 7: place d'Italie | 13. Arr*

GOUTTE D'OR (LITTLE AFRICA) [137 E4]

Nur eine Viertelstunde mit der Metro von Notre Dame entfernt, und Sie befinden sich auf einem anderen Kontinent! In der Gegend um die Metro-Station Château Rouge lebt hauptsächlich die schwarze Bevölkerung von Paris. Dementsprechend exotisch sind die Lokale und das Angebot in den Läden: bunte Stoffe, Maniok, Kochbananen, getrockneter Fisch, reihenweise schwarze Haarteile, magische Pülverchen und Gewürze, afrikanische Musik – ein Tummelplatz für alle, die exotische Schnäppchen und Mitbringsel lieben. Und für alle, die günstig und gut Afrikanisch essen möchten: Hier gibt es feinste kulinarisch Köstlichkeiten vom Schwarzen Kontinent wie leckeres *thieboudienne*, eine große Portion roter Reis mit Fisch *(9,50 Euro)*. Besonders lebhaft geht es in der rue de Poissionière, der rue de Poulet und der rue Dejean zu, in der auch einer der buntesten afrikanischen Märkte *(Di–So 9–12.30 Uhr)* stattfindet. *Gegend zwischen der Metro-Station Barbés-Rochechouart (M2) und Château Rouge (M4) | 18. Arr.*

Insider Tipp

PASSAGE BRADY (LITTLE INDIA) [145 F3]

216 m ist sie lang, die Passage Brady, und mit einem Glasdach bedeckt. Darunter beherbergt sie, mitten im Viertel Gare de l'Est, den indischen Subkontinent im Kleinformat. Es sind die Gerüche, die einem das Wasser im Munde zusammenlaufen lassen und in die enge Passage ziehen. Die vielen indischen und pakistanischen Restaurants dort machen sich starke Konkurrenz, und orientalisch gekleidete Männer versuchen Besucher zu einem leckeren Curry mit Gemüse und Fleisch für gerade einmal 5 Euro zu überreden.

Wer keinen Hunger hat, begibt sich auf Schnäppchenjagd in die bunten Läden mit parfümiertem Reis, günstigen Gewürzen und Tee, duftenden Essenzen, Kleidung aus Tausendundeiner Nacht und billigen DVDs mit Bollywood-Produktionen. Sie haben noch immer nicht genug? Setzen Sie Ihre Indien-Tour einfach in der nahegelegenen Gegend um die Metro St. Chapelle fort. *Zwischen 46, rue Faubourg-Saint-Denis und 33, boulevard de Straßbourg | M4: Château d'Eau | 10. Arr.*

STADTNATUR

JARDINS DE BAGATELLE [160 C3]

Der elegante Botanische Garten liegt am westlichen Rand der Stadt im Bois de Boulogne, einem der größten Stadtparks der Welt, nahe des ebenso eleganten Viertels Neuilly. Wenn Sie den Garten an einem warmen Sommertag im Juni besuchen, werden Sie umhüllt von einer Wolke betörenden Duftes: Es ist die Zeit der internationalen Rosenschau, bei der regelmäßig mehr als 10000 Rosenstöcke von mehr als 1200 Arten um die Wette blühen. Und selbst wenn sich der Park gerade einmal nicht in bunter Farbenpracht zeigt, so ist es ein einmaliges Erlebnis durch die weitläufige Anlage mit Seerosenteichen, Wasserfällen, Grotten, Pfauen und Pavillons zu streifen. Zumal der Eintritt mit 1,50 Euro nur als ausgepro-

Bild: Diesseits von Afrika – Zutaten für exotische Rezepte im afrikanischen Viertel von Paris

Gingembre
origine Chine

chen fair bezeichnet werden kann. Besonders schön sind hier auch die unregelmäßig stattfindenden Skulpturenausstellungen und klassischen Konzerte, die ebenfalls nicht die Welt kosten. Beim *Chopin-Festival* in der Orangerie von Mitte Juni bis Mitte Juli gibt es Karten ab 10 Euro. *Eintritt 1,50 Euro (bei Ausstellungen 3 Euro) | Sommer 8.30–19, Winter 9–17 Uhr | www.parisinfo.com | M1: Porte Maillot |Boulogne-Billancourt*

JARDIN DU LUXEMBOURG [150–151 B-D4-5]

Fast 400 Jahre ist dieser 26 ha große Park im Herzen der Stadt alt: Er wurde Anfang des 17. Jhs. im Auftrag von Maria de Medici gestaltet. Heute ist er ein beliebtes Ziel für Jogger, Familien mit Kindern und die Studenten der benachbarten Hochschule, die hier ihre Freistunden verbringen.

Apropos Joggen: Das Sportgeschäft *Attractive (März–Nov. Sa 10.45 Uhr, Gratistraining 11–12 Uhr | 123, rue de Rennes | www.attractive.fr | M4: Saint Placide | 6. Arr.* [150 B4]*)* zieht seine Kunden durch eine Gratis-PR-Aktion an. Jeden Samstag zwischen März und November trifft man sich vor dem Laden, zieht sich in den Umkleidekabinen um, und dann geht's ab in den Park. Unter Anleitung eines professionellen Sportcoach stehen jede Menge Übungen an – perfekter Ausgleich zum anstrengenden Sightseeing-Alltag.

LE MUR DES JE T'AIME [136 C5]

Wenn Paris die Stadt der Liebe ist, dann steht dieser kleine Park für die Konzentration des Gefühls: In mehr als 250 Sprachen hat der Künstler Fréderic Baron auf einer Riesentafel die berühmten drei Worte verewigt. „Je t'aime", „Ich liebe dich" – alle Verliebten bekommen es hier noch einmal schriftlich. *Eintritt frei | place des Abbesses | www.lesjetaime.com | M12: Abbesses | 19. Arr.*

MAILLOL-FIGUREN IN DEN TUILERIEN [151 D1]

Am Anfang der Tuilerien beim Louvre, nicht weit vom kleinen Triumphbogen (Caroussell du Louvre), erheben sich in fast surrealer Art zwischen akkurat geschnittenen Hecken die 18 zeitlosen Frauenskulpturen des Bildhauers Aristide Maillol – eine beeindruckend schöne Idylle inmitten der umtriebigen Großstadt. Falls Sie gut französisch sprechen, schließen Sie sich einer kostenlosen Führung durch die älteste Parkanlage von Paris an *(So 15.30 Uhr)*. Die Gruppe trifft sich von März bis Dezember unter dem kleinen Triumphbogen. *Eintritt frei | April–März tgl. 7–21, Juni–Aug. 7–23, Sept.–März 7.30–19.30 Uhr | rue de Rivoli | M1: Tuileries | 1. Arr.*

PARK DES RODIN-MUSEUMS [149 E–F3]

Ist das Wetter zu schön, um ein Museum zu besuchen, dann bietet sich ein Spaziergang durch die herrliche Parkanlage des Stadtpalais Hôtel Biron an, in dem das Musée Rodin untergebracht ist. Es geht vorbei an den eindrucksvoll-dramatischen Skulpturen des großen, französischen Bildhauers, darunter auch das berühmte Werk „Der Denker". Schließlich können Sie sich unter den Bäumen des Selbstbedienungscafés niederlassen *(Imbiss ab 7 Euro)*. Oder sich nur auf eine der vielen schattigen Bänke zwischen den berühmten Statuen setzen – dann kostet Sie der kulturelle Ausflug gerade einmal 1 Euro Eintritt für den Park. *Eintritt 1 Euro (Musée Rodin 6 Euro) | Di–So 10–17.45, im Sommer bis 18.45 Uhr | 77, rue Varenne | www.musee-rodin.fr | M13: Varenne | 7. Arr.*

PÈRE LACHAISE [153 E–F1–2]

„Umsonst ist nur der Tod" heißt es – und die Besichtigung eines Friedhofs natürlich. Neben dem Wiener Zentralfriedhof ist Père Lachaise wohl die meistbesuchte letzte Ruhestätte der Welt. Nach dem berühmten Beichtvater von Ludwig XIV benannt, fasziniert der Friedhof nicht nur durch seine stimmungsvollen Grabmonumente und seine ganz besondere Atmosphäre. Es ist vor allem die Konzentration großer Persönlichkeiten, deren Namen sich auf den Grabsteinen finden, darunter die Künstlerin und Schrifstellerin Colette, Frédéric Chopin, Molière, Edith Piaf, Amedeo Modigliani, Oscar Wilde und viele andere.

Eines der berühmtesten Gräber ist wahrscheinlich das von Jim Morrison, Sänger der „Doors", dessen letzte Ruhestätte seit seinem Tod 1971 zu einem Pilgerziel unzähliger Fans wurde. Lagepläne für den Friedhof sind an den Eingängen Porte des Amandiers und Porte Gambetta gratis erhältlich. *Eintritt frei | tgl. 8.30–17 Uhr | 16, rue du Repos | M2, 3: Père Lachaise | 20. Arr.*

STADTTOUREN

Insider Tipp

BUSTOUR FÜR ARCHITEKTURFANS

Auf der Website des Pariser Verkehrsverbund RATP finden Sie unter dem Stichwort *Archi-Bus* die Details zu acht Buslinien, auf deren Weg jeweils 15 herausragende Bauwerke liegen. Zu jeder der Linien können Sie ein Informationsblatt herunterladen, das die einzelnen Bauwerke vorstellt und erklärt – allerdings sollten Sie einigermaßen französisch sprechen. Die informative Bustour kostet Sie nur den Ticketpreis von 1,70 Euro. *www.ratp.fr/de/ratp/r_28130/archi-bus*

STADTTOUREN ZU FUSS

Erobern Sie Paris zu Fuß unter der Führung eines kompetenten, meist offiziell geprüften Stadtführers, was allemal billiger ist als ein gebuchtes Package im Hotel oder vom heimischen Reisebüro. Die Führungen dauern meist 1,5 Stunden und kosten rund 10 Euro. Einzige Einschränkung: Sie sollten Französisch sprechen – oder die Führung als Sprachtraining ansehen. Aufgelistet werden die Führungen oder Stadtspaziergänge (auch ungewöhnliche wie etwa auf den Friedhof Père Lachaise) in den wöchentlich erscheinenden Veranstaltungsmagazinen *Pariscope* und *l'Officiel du Spectacle* unter „Visites Guidées" oder „Promenades". Dort werden auch genauer Treffpunkt, Tag und Uhrzeit angegeben, wo man sich ohne Voranmeldung trifft. Gezahlt wird vor Ort.

STAUNEN

CHINESISCHES NEUJAHRSFEST [157 F4]

Wenn für die Chinesen das neue Jahr anbricht, dann gehen sie auf die Straße – auch in Paris. Zahlreiche Veranstaltungen begleiten den wichtigsten chinesischen Feiertag, Höhepunkt ist der Neujahrsumzug in traditionellen Kostümen, begleitet von Böllern und den bunten, beeindruckenden Drachen, die über die Straßen im 13. Arrondissement tanzen. *Zw. 21. Januar u. 21 Februar | im Bereich place d'Italie, avenue d'Ivry, avenue de Choisy | www.chine-informations.com | M5, 7: place d'Italie | 13. Arr*

NATIONALFEIERTAG

Einmal muss man ihn erlebt haben, um Frankreich wirklich zu kennen: den Nationalfeiertag am 14. Juli, an dem das Nationalgefühl mit freudigem Stolz gefeiert wird. Alles beginnt mit den Militäraufmärschen auf der Champs-Élysées am Vormittag, wo der Präsident mit Bollerschüssen begrüßt wird, und endet mit einer großen Flugshow. Den grandiosen Schlusspunkt bilden dann am Abend die Feuerwerke, die in der ganzen Stadt gezündet werden. Das eindrucksvollste ist sicherlich das am Trocadéro. Um den perfekten Blick zu haben, nehmen Sie am besten am Fuß des Eiffelturms auf den langgezogenen Rasenflächen des Champ de Mars Platz – mit den vielen anderen Touristen, die zusammen mit den Parisern feiern.

Gefeiert wird am 13. und 14. Juli auch bei den *Feuerwehrbällen*. Dann öffnen die 40 Pariser Feuerwehrkasernen ihre Pforten und laden zu den *bal des pompiers*. Musikalisch ist das Repertoire weit gespannt, zwischen traditionellen *musettes* und Elektro. Die wenigsten dieser Tanzveranstaltungen sind kostenpflichtig, meist werden aber Spendenbehälter aufgestellt. Dann ist auch große Party am place de la Bastille angesagt, und Sie können mit den Parisern bis tief in die Nacht feiern.

WEINFEST AUF MONTMARTRE [137 D4]

In Paris gibt es tatsächlich noch einen Weinberg! Die Bewohner des Stadtteils Montmartre sind stolz auf ihre Reben und feiern daher im Oktober vier Tage lang ihr Fest zur Weinernte *(vendanges)*. Der Weinberg ist immerhin 3000 m^2 groß, die Ernte ergibt meist ungefähr 350 l *Clos de Montmartre*, der allerdings mit der üblichen Qualität französischer Weine nicht mithalten kann: Er schmeckt eher säuerlich. Begleitet wird das Erntefest von vielen folkloristischen Veranstaltungen, Konzerten und Ausstellungen, viele davon kostenlos. Eine tolle Gelegenheit, französisches Lebensgefühl mitzuerleben! *4 Tage im Okt. | Straßen um die place du Tertre | www.fetedesvendangesdemontmartre.com | M12: Abbesses | 18. Arr.*

STYLING

HAARE SCHNEIDEN [145 D2]

An der Friseurschule ISEC können Sie sich von einem engagierten Team von Friseuren in Ausbildung verschönern lassen. Für einen flotten Schnitt mit Waschen, Schneiden und Fönen zahlen Frauen 11 und Männer nur 6 Euro. Dabei können Sie ganz unkompliziert ohne Termin um 9.30 Uhr bzw 13.30 Uhr vorbeikommen. *Mo–Fr 9.30 u. 13.30 Uhr | 28, rue de Trévise | Tel. 01 47 70 83 49 | www.ecole-isec.com | M7: Cadet | 2. Arr.*

SCHMINKEN IM ATELIER INTERNATIONAL DU MAQUILLAGE [146 E4]

Planen Sie einen ganz großen Auftritt im Pariser Nachtleben? In diesem Schmink-Atelier können Sie ausprobieren, was alles in Ihrem Typ steckt. Zwischen 1 und 3 Stunden brauchen die Kosmetiker-und Bühnenbildnerlehrlinge, um raffinierte Schminktricks anzuwenden. Das große Theater-Make-Up können Sie dann sogar mit nach Hause nehmen, in Form eines Gratisfotos Ihrer ganz persönlichen Gesichtskunst. Einen Termin müssen Sie nicht verabreden, aber seien Sie bitte pünktlich. *Kostenlos | Mo–Fr 13.15 Uhr | 13, rue de la Pierre Levée | Tel. 01 40 21 03 15 | M3, 5, 8, 11: Republique | 10. Arr.*

WELLNESS & ENTSPANNEN

QIGONG IM PARC DES BUTTES-CHAUMONT [147 D1]

Der im Pariser Osten gelegene Landschaftspark erhält seine pittoreske

Ausstrahlung durch künstlich angelegte Felsen und Grotten, es gibt sogar einen Wasserfall mit Hängebrücke. Nehmen Sie zum Auftakt des entspannenden Ausflugs ins Grüne an einer kostenlosen Qi-Gong-Stunde auf der Wiese teil. Täglich erteilt ein vietnamesischer Meister Unterricht in diesen besonderen asiatischen Meditations-, Konzentrations- und Bewegungsübungen – perfekt, um sich vom Großstadtstress zu erholen! *Kostenlos | tgl. 9–10 u. 10–11 Uhr | Treffpunkt: Ecke avenue de la Cascade und avenue des Alouettes im Park | M7: Botzaris | 19. Arr.*

PARIS PLAGES

Kilometerlange Strände, Palmen und Beach-Volleyball: Teile von Paris geben sich entlang der Seine fünf Wochen lang während der Sommerferien im Juli und August den Anstrich eines Ferienparadieses, kostenlos versteht sich. Selbst wenn man nicht in der Seine baden kann, so bieten doch Wasserzerstäuber zwischen den Strandcafés, jede Menge Liegestühle, ein Schwimmbad auf einem Schiff sowie Live-Musik und unzählige Bouleplätze genügend Sommerspaß. Seit 2002 ist dieses Treffen am Citybeach angesagt, und weil die Aktion jedes Jahr so großen Zulauf hat, wurde der Strandbereich längst ausgebaut und von den Seineufern im Zentrum auf die Uferpromenaden des Bassin de la Villette im Nordosten von Paris ausgeweitet.

Doch mit dem Sonnenbaden am Stadtstrand noch nicht genug: Jedes Jahr finden auch eine Reihe von Gratiskonzerten statt, zum Teil mit so namhaften Künstlern wie Tricky, der Band Nada Surf oder dem bretonischen Folkmusiker Alan Stivell. Am Bassin de la Villette stehen bis 21 Uhr kostenlos Kajaks, Kanus, Tret- oder Segelboote zur Verfügung.

Erreichbar sind die Strände nicht nur mit den üblichen Metro-Linien, es werden auch Pendelschiffe eingesetzt. Sie bedienen das Bassin und den Parc de la Villette, Pantin, Bobigny, Noisy-le-Sec/Bondy und Aulnay-sous-Bois und kosten 1 Euro (Sa) und 2 Euro (So), Kinder unter 10 Jahren fahren gratis. *Eintritt frei | 5 Wochen im Juli u. Aug. tgl. 8–24 Uhr | voie Georges Pompidou | M7: Pont Neuf | 1. u. 4. Arr.* **[150 A-B1-2]**; *Bassin de la Villette | quai de la Seine | M2, 5, 7: Jaurès | 19. Arr.* **[138 B-C4-5]**; *www.paris-plages.fr*

> Ein Essen für null Euro? Auch das gibt es im bunten kulinarischen Kosmos an der Seine

Die Franzosen sparen lieber am neuen Auto oder an der Urlaubsreise, bevor sie sich beim Essen einschränken. Deshalb sind Restaurants mindestens 25 Prozent teurer als in vielen Nachbarländern. Keine guten Zeiten für preisbewusste Genießer könnte man meinen, zumal selbst Pariser Sandwich- und Snack-Lokale kräftig zulangen. Trotzdem kann man auch an der Seine genüsslich schwelgen, ohne den Dispokredit anzuknabbern: In charmanten, altfranzösischen Bistros werden ganze Menüs für 13 Euro serviert, dazu findet man günstige Crêperien und atmosphärische kleine Bars, an deren Theke der Café noch 1 Euro kostet – statt eines Espressos für 4,90 Euro an der Champs-Élysées. Tendenziell meist günstiger als die französische Küche ist die internationale – und schön exotisch noch dazu. Eine ganze Reihe von Restaurants bietet sogar das nordafrikanische Nationalgericht *couscous* gratis zum Getränk an! Und selbst die Sterneküche ist bezahlbar: Viele Köche haben zwar ihre Auszeichnungen zurückgegeben, ihre ausgesuchten Speisen zum halben Preis sind aber immer noch empfindlich teuer. Es sei denn, Sie besuchen die Restaurants mittags statt abends. Oder folgen den (Adress-)Tipps in diesem Kapitel.

ESSEN & TRINKEN

CAFÉS

CAFÉ DE L´INDUSTRIE [152 B3]

Das Studentencafé ist unter anderem wegen seiner relaxten Atmosphäre mittlerweile zu einer Institution im Ausgehviertel Bastille geworden. Mittags können Sie sich hier schon ein dreigängiges Menü für gerade einmal 10,50 Euro schmecken lassen. Abends ist das Essen zwar etwas teurer, bietet dafür aber die beste Grundlage, um anschließend durch die Bars und Clubs zu ziehen. *Tgl. | 16, rue Saint-Sabin | M1, 5, 8: Bastille | 11. Arr.*

CAFÉ PISTACHE [144 C5]

Das Bistro gibt sich jugendlich, mit einem gewissen Retro-Charme inmitten pistaziengrün gestreifter Spiegelwände. Welches der soliden Tagesgerichte ab 10 Euro serviert wird, lesen Sie ganz traditionell auf einer Tafel. Das Essen ist so günstig, da kann man sich bei schönem Wetter direkt einen Café im nahegelegenen Park des Palais Royal leisten. Besonders nettes Personal. *So geschl. | 9, rue des Petits-Champs | Tel. 01 40 20 43 39 | M1, 7: Palais Royal, Musée du Louvre | 1. Arr.*

COQUELICOT [136 C5]

Das klassische französische Frühstück – bestehend aus einer großen Schale Milchkaffee oder heißer Schokolade zusammen mit einer frischgebackenen *brioche* (Hefegebäck) mit Butter und Marmelade – kostet hier nur 4 Euro. In dieser traditionsreichen Bäckerei und Konditorei mit Sonnenterrasse zur belebten rue Abbesses hin lässt sich der Tag gut beginnen. Es kann allerdings durchaus passieren, dass Sie sich von der „Mohnblume“ *(coquelicot)* zu einer weiteren, süßen Versuchung für Ihren Weg ins Pariser Touristenleben hinreißen lassen. *Mo geschl. | 24, rue des Abbesses | Tel. 01 46 06 18 77 | www.coquelicot-montmartre.com | M12: Abbesses | 18. Arr.*

L'ATMOSPHÈRE **[146 A3]**

Die Umgebung des Canal Saint-Martin gilt schon längere Zeit als *branché*, also als in. Zu den angesagten Adressen gehört auch das Café L'Atmosphère, das nur wenige Schritte neben einer Kanalschleuse und dem Hôtel du Nord liegt. In der legendären Herberge drehte Regisseur Marcel Carné („Kinder des Olymp“) das gleichnamige Drama, das das Hôtel du Nord berühmt machte – eine spannende Momentaufnahme aus dem Paris der späten 1930er-Jahre.

Zumindest was die Preise betrifft, scheinen diese Zeiten auch noch im L'Atmosphère zu herrschen: Ein Café kostet 2 Euro, die Halbe Bier 2,50 Euro. Auch die Küche mit mediterranem Einschlag *(Menü ab 10 Euro)* ist nicht zu verachten, weder geschmacklich noch preislich. Besonders viel zur im Namen beschworenen Atmosphäre tragen die Terrasse sowie die Live-Konzerte am Sonntagnachmittag bei. *Tgl. | 49, rue Lucien-Sampaix | Tel. 01 40 38 09 21 | M5, 7: Gare-de-l'Est | 10. Arr.*

LUX-BAR **[136 B–C5]** Insider Tipp

Charmante kleine Eck-Kneipe, an deren Theke oft Leute vom Viertel und Handwerker in Arbeitskleidung sitzen und ihren Café für 1 Euro (!) trinken. Auf den schmucken, alten Kacheln mit Montmartre-Motiv an der Wand wird das Bohnengetränk tatsächlich noch für 10 Centimes angepriesen. Wer dem bunten Treiben auf der rue Lepic zuschauen mag, kann sich auch im Winter unter Heizstrahlern auf den Gehsteig setzen – dann wird der Kaffee aber wie üblich entsprechend teurer! *Mo geschl. | 12, rue Lepic | Tel. 01 46 05 05 15 | M2: Blanche | 18. Arr.*

LÄNDERKÜCHE

CHEZ MARIANNE (JÜDISCH) **[151 F2]**

Das jüdische Restaurant inmitten des Marais ist mittlerweile zu einer Insti-

Wenn das Tagwerk getan ist, dann treffen sich die Handwerker des Viertels in der Lux-Bar

tution geworden. Der Renner ist der große Vorspeisenteller, der für 12 Euro ordentlich sättigt. Dazu können Sie koscheren Wein bestellen. Alle Zutaten wie Kichererbsenpaste *(houmous)*, Krautsalat, Auberginenpaste oder gegrilltes Gemüse liegen hinter Glas zur Auswahl bereit. Noch günstiger sind diese oder ähnliche Zutaten in einer *falafel* to go für 5 Euro zu haben. Manchmal etwas voll, aber das Warten lohnt. *Tgl. | 2, rue des Hospitalières-Saint-Gervais | Tel. 01 42 72 18 86 | M1: Saint-Paul | 4. Arr.*

CHOUCHOU (FRANCO-ORIENTALISCH) **[151 E1]**

Während tagsüber noch Touristen aus dem 100 m entfernt liegenden Centre Pompidou hierher strömen, ist das Lokal am Abend oft gesteckt voll mit Leuten aus dem Viertel. Kein Wunder bei dem netten Ambiente:

CLEVER!

> Gratis schlemmen: couscous zum Wein

Couscous heißt das Grundnahrungsmittel der nordafrikanischen Küche. Die Beilage, die zu Fisch-, Fleisch- oder vegetarischen Gerichten serviert wird, besteht aus Hartweizengrieß, Hirse oder Gerste. Um *couscous* herzustellen, wird das Getreide befeuchtet und zu kleinen Kügelchen zerrieben. Das orientalisch gewürzte Nationalgericht Nordafikas ist in Paris nicht nur weitverbreitet, es wird vor allem in einer ganze Reihe von Lokalen an bestimmten Abenden gratis serviert! Einfach ein Getränk bestellen (z. B. Wein für 3 Euro), und schon kommt die orientalische Köstlichkeit mit auf den Tisch. Wenn dann noch die richtige Musik im Hintergrund spielt, jede Menge junge Leute, Familien oder alte Berber im Lokal sind, wird die Stimmung richtig gesellig. Als Alternative gibt's manchmal die mindestens ebenso beliebte normannische Variante: *moules frites* (Miesmuscheln mit Pommes Frites). Im *Le Grenier (152, rue Oberkampf | Tel. 01 48 05 13 52 | M2: Menilmontant | 1. Arr.* **[147 D4–5]***)* gibt's von September bis April samstags ab 19 Uhr *couscous* gratis, oft sogar auch Live-Musik. Ebenfalls mit Musik, familiärer Atmosphäre und Gratis-*couscous* lockt das *Les Fontaines (Fr, Sa ab 20.30 Uhr | 153, rue Saint-Maur | Tel. 01 43 57 53 14 | M2, 11: Belleville | 11. Arr.* **[146 C4]***)*, das *La Cordonnerie (Do, Sa ab 21 Uhr | 142, rue Saint-Denis | Tel. 01 40 28 95 35 | M4: Etienne-Marcel | 2. Arr.* **[145 E5]***)* bietet zusätzlich manchmal noch Kunstausstellungen. Live-Jazz können Sie im *Le Tais (couscous Fr, Sa, moules frites Di, Do jeweils ab 20 Uhr | 129, boulevard de Ménilmontant | Tel. 01 43 55 67 90 | M2: Ménilmontant | 11. Arr.* **[147 D5]***)* genießen, orientalisches Ambiente im *Le Tribal Café (couscous Fr, Sa, moules frites Mi, Do jeweils ab 21 Uhr | 3, cour des Petites Ecuries | Tel. 01 47 70 57 08 | M4 : Château d'Eau | 10. Arr.* **[145 E3]***)*.

An die Wand wurde ein großflächiges Delaunay-Gemälde gepinselt, der Service ist auch auf der Terrasse schnell und freundlich. Allabendlicher Höhepunkt ist die Jazzmusik am Piano von 18.30 bis 22 Uhr. Das Essen selbst ist nordafrikanisch-orientalisch, sehr lecker und für Pariser Verhältnisse sehr günstig *(Hauptgericht 8 Euro, Mittagstisch und Abendmenü 14 Euro)* Besonders empfehlenswert: das *tajine au poulet* (Hähnchen-Tajine) mit gelber Curry-Sauce und Rosinen – es zergeht auf der Zunge! *Tgl. | 63 rue Rambuteau | Tel. 01 42 77 37 30 63 | M 4: Etienne Marcel | 1. Arr.*

COFFEE ANJAPPER (INDISCH) [138 A5]

Die Holztäfelung gibt dem Restaurant mit seiner südindischen Küche eine gemütliche warme Atmosphäre. Ausgesuchte Gewürze verleihen nicht nur den Vorspeisen *(z. B. gefüllte Teigtaschen für 2 Euro)* und Currys *(5 Euro)* ihre besondere Note. Den Geschmack noch im Gaumen, schlendern Hobbyköche von hier aus am nahen Nordbahnhof vorbei in die Passage Brady. Dort bieten die Lebensmittelläden des indischen Viertels eben diese Gewürze günstig an – fürs Nachkochen zu Hause. *So geschl. | 22, rue Cail | Tel. 01 40 05 09 00 | www.coffeeanjapper.com | M2: La Chapelle | 10. Arr.*

DÉLICES LEPIC (CHINESISCH) [136 B–C5]

Es gibt sie zuhauf in Paris, diese Art von chinesischen Restaurants – und doch punktet dieser Asiate ganz besonders: Denn hier kann man, in der Nähe des Moulin Rouge und dem nicht gerade als Schnäppchengegend bekannten Montmartre rund um Sacré Coeur, für wenig Geld den Hunger mit leckerem China-Food stillen. Dann geht's umso gestärkter den Montmartre-Hügel hoch. Es wäre nämlich zu ärgerlich, wenn Sie oben am place du Tertre darauf angewiesen wären, Ihren knurrenden Magen mit einem völlig überteuerten *toast monsieur* zu besänftigen.

Bei Délices Lepic dagegen bekommen Sie für 4.80 Euro einen riesigen Teller mit Hähnchenfleisch mit Basilikumsauce und Reis. Zum Espresso geht's am besten in die benachbarte Lux-Bar *(S. 52)*, die in Sachen Atmosphäre das chinesische Restaurant dann doch um Längen schlägt. *Tgl. | 14, rue Lepic | Tel. 01 42 64 47 43 | M2: Blanche | 9. Arr.*

Insider Tipp **HIGUMA (JAPANISCH)** [144 C4-5]

Man glaubt sich hier eher in einer der authentischen japanischen Suppenküchen mitten in Tokio als in der französischen Hauptstadt. Berühmt sind Lokale wie das Higuma für ihre Spezialität *ramen*, eine kräftige Nudelsuppe mit Fleisch, Gemüse und einer Art asiatischer Ravioli. Hier wird die Suppe vor ihren Augen zubereitet und sättigt für schlappe 6,50 Euro. Falls die Schlange hungriger Gäste zu lang wird vor dem eher an eine Imbissbude erinnernden Restaurant, schlendern Sie einfach weiter: Die Auswahl an ähnlichen Lokalen ist groß, da Sie sich mitten im japanischen Viertel unweit der alten Oper

Hier geht's heiß her: Das Higuma serviert japanische Spezialitäten als wär's in Tokio

befinden. *Tgl. | 32, bis rue Sainte-Anne | Tel. 01 47 03 38 59 | M7, 14: Pyramides | 1. Arr.*

KHATAG (TIBETANISCH) **[151 E1]**
Warum nicht einmal ein wenig Exotik auf dem Teller? Dieses tibetanische Restaurant in der Nähe des Centre Pompidou erinnert mit seiner Küche zwar an China und Indien. Es punktet aber mit ein paar kulinarischen Besonderheiten aus dem Land des Dalai Lama und weist mit einigen ausgefallenen vegetarischen Mahlzeiten eine ganz eigene Note auf. Mittags werden Sie hier schon ab 7,50 Euro locker satt, abends zahlen Sie für das Menü ab 13 Euro. *Mo-Mittag geschl. | 68, rue Quincampoix | Tel. 01 48 87 51 25 | M11: Rambuteau | 1. Arr*

KRISHNA BHAVAN (INDISCH) **[138 A5]**
In Paris sind die vegetarischen Restaurant noch relativ dünn gesät. Dieses Lokal inmitten des indischen Viertels beschränkt sich auf fleisch- und fischlose Kost und bietet wohlduftende Currys ab 4.50 Euro an. Die Suppen kosten nur 3 Euro und ein dreiteiliges Menü 13 Euro, egal ob Sie hier mittags oder abends ihrem knurrenden Magen etwas Gutes tun möchten.

Insider Tipp

Besonders empfehlenswert ist das *Thaali Krishna Bhavan* für 8 Euro: Der Reis und das wohlschmeckende Koriander-Fladenbrot werden von acht Schälchen umrahmt, in denen sich verschiedene, exotisch-leckere Gemüsesorten und Desserts befinden. Indien, das Land der Gewürze macht sich hier alle Ehre. Um des großen Andrangs Herr zu werden, hat man das einfache, aber saubere Restaurant um einen Laden vis-à-vis auf der anderen Straßenseite erweitert. Hier wie dort sind viele in Paris lebende Inder anzutreffen – ein gutes Zeichen, spricht es doch für die Authentizität des Essens! *Tgl. | 24, rue Cail | Tel. 01 42 05 78 43 | M2: La Chapelle | 10. Arr.*

LE NIOUMRÉ (AFRIKANISCH) **[137 E4]**
Wenn Sie sich nicht von der einfachen und etwas kitschigen Einrichtung abschrecken lassen, können Sie hier wenige Schritte vom afrikanischen Markt entfernt gute, authentische Küche aus dem Senegal probieren. Musik und Bedienung strahlen wie die Sonne Afrikas, die Portionen sind mächtig und das Zitronenhuhn der Renner. Dafür wurde das Hähnchenfleisch in einer Sauce aus Zitronen und Zwiebel eingelegt. Es wird mit Reis serviert und kommt als *yassa* für 9 Euro auf den Tisch. Ebenfalls ganz und gar nicht zu verachten ist die Variante *mafé*: köstliches, in Erdnusssauce eingelegtes Lammfleisch, das zum selben Preis serviert wird. Alkohol wird allerdings nicht ausgeschenkt, stattdessen können Sie den Ingwersaft probieren! Alle anderen, ebenso schmackhaften Mahlzeiten liegen zwischen 9 und 12 Euro. *Mo geschl. | 7, rue des Poissonniers | Tel. 01 42 51 24 94 | M4: Château-Rouge | 18. Arr.*

MONTE CASSINO (ITALIENISCH) **[157 F4]**
Einigermaßen gute Italiener mit vernünftigen Preisen sind – man glaubt es kaum – rar gesät in Paris. Vielleicht liegt´s an der ewigen Konkurrenz zwischen französischer und italienischer Küche ? Hier jedenfalls, in diesem gemütlichen Restaurant mit seinem Steinofen und den großen, zu öffnenden Scheiben an der place d´Italie – nomen est omen – gibt es Pizzas schon ab 8 Euro, und die schmecken auch noch wie bei *mamma*. In das Menü müssen Italien-Afficionados 12 Euro investieren. *Tgl. | 76, avenue des Gobelins | Tel. 01 43 31 05 10 | M5, 6, 7: Place d´Italie | 13. Arr.*

RESTAURANTS FRANZÖSISCH

AQUARIUS **[155 E4]**
In diesem angenehmen vegetarischen Restaurant werden nur die frisches-

ten Zutaten vom Markt verwendet – und das schmeckt man! Besonders lecker sind neben den knackigen Salaten die Kroketten aus Tofu. Gut bekommen dem Vegetarier auch die Preise, schließlich zahlt er für das Mittagsmenü nur 12 Euro, abends schlagen dann (noch immer sehr faire) 15 Euro zu Buche. *So geschl. | 40, rue de Gergovie | Tel. 01 45 41 36 88 | M13: Plaisance | 14. Arr.*

AU PIED DE FOUET [150 B3]
Mitten im absoluten Touristenviertel von St.-Germain-des-Prés kann's ziemlich schnell ziemlich teuer werden. Nicht so bei Au Pied de Fouet, einer der drei Filialen einer Bistrokette. Die Einrichtung ist bewusst altfranzösisch gewählt und zeigt auf eine sehr traditionelle Weise liebevollen Retro-Chic. Die Tagesgerichte sind mit Kreide auf eine schwarze Schiefertafel geschrieben, Hauptgänge bekommen Sie bereits für 9 Euro. Die Desserts wie *clafoutis* (eine Art Obstkuchen aus Eierteig) oder *fondant au chocolat* (ein kleiner, zartschmelzender Schokoladenkuchen) sind hausgemacht und übersteigen kaum die 3-Euro-Grenze! Manchmal gibt's für diejenigen, die in der Schlange auf einen Tisch warten müssen, einen Gratis-Kir. *So geschl. | 3, rue Saint-Benoit | Tel. 01 42 96 59 10 | www.aupieddefouet.com | M4: Saint-Germain-des-Prés | 6. Arr.*

BISTROT RICHELIEU [144 C5]
Die Gegend um den Louvre gilt nicht nur als sehr teuer, sie ist es auch. Wenn Sie nach dem Besuch des weltberühmten Museums hungrig sind, steuern Sie bloß nicht auf das erstbeste Restaurant zu – hier kann ein Hamburger gut und gerne 18 Euro kosten! Fünf Minuten vom Museum entfernt, erkennbar an den rotweißen Tischdecken auf der Terrasse, können Sie sich dagegen mit traditionellen französischen Speisen wie Zwiebelsuppe oder *crème caramel* zu fairen Preisen ordentlich stärken. Das Mittagsgericht kostet ab 15.50 Euro, für den großen Salat- oder Pastateller zahlen Sie 13 Euro. *Sa geschl., So nur abends | 45, rue de Richelieu | Tel. 01 42 60 19 16 | www.bistrotrichelieu.fr | M1: Palais Royal | 1. Arr.*

CHARTIER [145 D3] Insider Tipp
Ein typischer Speisesaal des 19. Jhs., dessen Inventar mit Chrom-und Kup-

ferverzierungen belassen wurde, und der deshalb fast schon zum Denkmal avanciert ist. Die Preise sind trotz des Ansturms – wie in den guten, alten Zeiten – niedrig geblieben.

So gibt es etwa als Vorspeise Garnelen für 3,70 Euro, der Tomatensalat kostet 1,90 Euro. Verschiedene, typisch traditionelle Hauptspeisen erhalten Sie für um die 10 Euro, und als Dessert gibt's dann z. B. in Rotwein eingelegte Pflaumen mit Vanillesauce für gerade mal 3,80 Euro. Gemütlich ist allerdings anders: Stellen Sie sich auf Lärm und Getriebe ein, bei 326 Plätzen und 1200 servierten Gedecken pro Tag kein Wunder! *Tgl. | 7, rue du Faubourg-Montmartre | Tel. 01 47 70 86 29 | www.restaurant-chartier.com | M9: Grands-Boulevards | 9. Arr.*

CHEZ GLANDINE **[157 E5]**
Mit seinen rot-weiß-karierten Tischdecken würde dieses Bistro auch in Frankreichs Südwesten passen. Die opulenten frischen Salate *(ab 6,30 Euro)* und schweren baskischen Spezialitäten *(8–13 Euro)* wie zum Beispiel *poulet basquaise* locken nicht nur die Studenten in dieses Lokal im Ausgehviertel am Hügel Butte aux Cailles. Deshalb sollten Sie am besten auf jeden Fall reservieren! *Tgl. | 30, rue des Cinq-Diamants | Tel. 01 45 80 70 10 | M5, 7: Place d'Italie | 8. Arr*

CRÊPERIE JOSSELIN **[156 A1–2]**
Die bretonischen Pfannkuchen erweisen sich in Paris als gute Alternative zu manch amerikanischem Fastfood. Dieses hier ist eines der beliebtesten Lokale dieser Art, das *crêpes* zwischen 4,20 Euro und 10,60 Euro serviert – je nachdem, was Sie sich als Zutaten darauf stapeln lassen. *Tgl. | 67, rue du Montparnasse | Tel. 01 43 20 93 50 | M4, 12, 13: Montparnasse-Bienvenüe | 14. Arr.*

FONDATION D´AUTEUIL **[160 C3]**
Hier geben zukünftige Sterneköche ihr Bestes. Die Lehrlinge der *Haute Cuisine Française* bereiten klassische französische Küche nicht nur raffiniert zu, sondern servieren sie ebenso professionell. Schon für 5 Euro bekommen Sie eine Hauptspeise mit Café. Da Sie sich die oft sehr dekorativen Desserts und Vorspeisen nicht entgehen lassen sollten, wählen Sie unbedingt ein Menü für 10,90 Euro. Donnerstagabends kostet das Ganze

nur 15,50 Euro, wobei Apéritif und Wein bereits inbegriffen sind! Im Sommer wird auch auf der wunderschönen Gartenterrasse serviert. Reservieren Sie, denn manchmal ist unterrichtsfreie Zeit. *Mo–Fr Empfang 12–12.45, Do 19–19.45 Uhr | 40, rue La Fontaine | Tel. 01 44 14 73 88 | www.fondation-auteuil.org | M10: Michel-Ange–Auteuil | 16. Arr.*

FOYER DE LA MADELEINE [149 F3]

Insider Tipp

In der Krypta der bekannten Madeleine-Kirche tummeln sich mittags Geschäftsleute aus der Nachbarschaft. Mit ihnen können Sie im einfachen, aber urigen Ambiente der langen Gewölbegänge ein dreiteiliges Mittagessen für ganze 12 Euro einnehmen. Bei Erwerb eines Jahresabos zum einmaligen Tarif von 3

CLEVER!

> Wo die Pariser ihr geliebtes piquenique verspeisen

Die Pariser lieben es, ihr Picknick. Wenn es das Wetter zulässt, zieht es sie hinaus: Baguette unterm Arm, dazu Käse und vielleicht noch eine *quiche* oder einen Salat vom *traiteur*, den Wein nicht vergessen und noch ein leckeres Dessert aus der *patisserie* – fertig ist das günstige tragbare Schlaraffenland. Fehlt nur noch der richtige Platz zum Schmausen, und von denen hat Paris wahrlich genug. Picknick-Hotspot Nr. 1 ist der *Pont des Arts (M1: Louvre-Rivoli | 1. Arr* [140 B2]). Wenn sich an den ersten lauen Sommerabenden die Studenten der nahegelegnen Sorbonne Decke an Decke auf der wunderschönen schmiedeeisernen Fußgängerbrücke ausbreiten, herrscht hier eine lebendige, entspannte Atmosphäre. Den Blick auf die Goldkuppel des Institut de France und den illuminierten Louvre gibt's gratis dazu. Ganz ähnliche Erlebnisse servieren auch andere Open-Air-Plätzchen, zum Beispiel die Steinstufen vor dem *Panthéon (RER B | 5. Arr.* [151 D5]*)* mit Blick auf Sonnenuntergang und leuchtenden Eiffelturm. Prima picknicken lässt sich auch im *La Cour Carré am Louvre (M1, 7: Palais Royal–Musée du Louvre | 1. Arr.* [150 C1]*)*, auf den *quais* entlang der Seine am Sonntag, wenn sie für den Verkehr gesperrt sind, oder am westlichsten Ende der *Île Saint-Louis (M7: Pont Marie | 4. Arr.* [151 E3]*)*, die kleinere und romantischere der beiden Seine-Inseln.

Euro beträgt der Menüpreis nur noch unglaubliche 7,50 Euro. Serviert werden die freundlich kalkulierten Köstlichkeiten dazu auch noch von außergewöhnlich netten Bedienungen. *Sa, So u. Aug. geschl. | 14, rue de Surène | Tel. 01 47 42 39 84 | M8, 12, 14: Madeleine | 8. Arr.*

LA FRESQUE **[151 E1]**

Das sympathische kleine Restaurant liegt direkt neben Les Halles, den ehemaligen Markthallen. Zur Mittagszeit geht's hier rund: Zwischen den Geschäftsleuten der Nachbarschaft ist kaum ein Platz zu bekommen, und das flinke Personal aus Südfrankreich sorgt dafür, dass immer gute und teilweise etwas laute Stimmung herrscht. Selbst im Winter ist die Terrasse gut besetzt. Kein Wunder, bei authentischer, südfranzösisch geprägter Küche für 12 Euro für Vor- und Hauptspeise. Sensationell: Der Wein dazu kostet 1 Euro! *So. geschl. | 100, rue Rambuteau | Tel. 01 42 33 17 56 | M 4 : Metro Les Halles | 1. Arr.*

LA MARMITE **[136 C5]**

Das Nachtleben am Montmartre macht hungrig. Neben dem *Menu Express (16,50 Euro)* mit typischen französischen Spezialitäten wie Zwiebelsuppe und *crème caramel* ist hier die große Auswahl der Salate der Renner *(ab 10 Euro)*. Alle sind mit einem Berg köstlicher, selbst gemachter Knoblauch-Kartoffelchips angereichert, sodass sie locker eine Hauptmahlzeit ersetzen. Genießen können Sie die Salate bis 1 Uhr nachts! *Tgl | 2, boulevard de Clichy | Tel. 01 42 55 83 42 | www.la-marmite-restaurant.com | M2: Pigalle | 18. Arr.*

LE 58 TOUR EIFFEL **[148 B2]**

Dieser Restaurantbesuch könnte in doppelter Hinsicht der Höhepunkt ihres Paris-Aufenthaltes werden! Das Lokal auf der 1. Etage des Eiffelturms ist nämlich verglast und bietet einen grandiosen Blick über die Stadt. Insider Tip Viele kaufen das teure Fastfood, das neben den Andenkenkiosken erhältlich ist und wagen sich nicht nach nebenan. Ein Fehler: Gemessen an der Location, ist der Preis für Vor- und Hauptspeise von 17,50 nämlich nicht der Rede wert *(Kindermenü schon für 8 Euro)*. Dafür erhalten Sie dann beispielsweise schön dekorierten Räucherlachs und anschließend einen Kabeljau auf Risotto. Ein Stockwerk weiter oben, im *Restaurant Jules Verne* kostet das Mittagsmenü wochentags stolze 85 Euro! Abends ist allerdings auch das 58 Tour Eiffel teurer, mit 65 Euro fürs Menü. Am schönsten ist der Fensterplatz gegenüber dem Trocadéro. *Tgl. | Tel. 01 72 76 18 46 | Champ de Mars | www.restaurants-toureiffel.com | M6: Bir Hakeim | 7. Arr.*

LE PETIT SAINT-BENOIT [150 B3]

Suchen Sie ein bodenständiges Bistro mit Traditionsküche? Dann sind Sie hier richtig. Seit 1901 gibt es dieses Lokal, und es hat sich im Laufe der Jahre dort nicht viel geändert. Man kann sich leicht vorstellen, dass hier schon der Chansonnier Serge Gainsbourg gesessen haben soll. Im Sommer isst es sich gut auf der Terrasse mit den rot-weiß-kariert eingedeckten Tischen. Tagesgerichte wie *boeuf bourguignon* gibt es schon ab 10.50 Euro. *So geschl. | 4, rue Saint-Benoit | Tel. 01 42 60 27 92 | www.petit-st.benoit.com | M4: Saint-Germain-des-Prés | 6. Arr.*

LES TEMPS DES CERISES [157 E5]

Hervorgegangen aus einer Arbeiterkooperative – der Name „Zeit der Kirschen“ bezieht sich auf die Hymne der Pariser Kommune –, ist dieses Bistro am populären Ausgehhügel Butte aux Cailles schon längst zu einer echten Institution geworden. Die Mittagsmenüs kosten ab 10,50 Euro, geboten wird deftige französische Küche wie *cassoulet* (eine Art Eintopf mit Fleisch und Bohnen) oder warme *boudin* (Blutwurst). Ebenso kräftig-herzlich wie das Essen ist übrigens auch der Empfang! *So geschl. | 18, rue de la Butte aux Cailles | Tel. 01 45 89 69 48 | M5, 7: Place-d'Italie | 13. Arr.*

SELSTBEDIENUNG

RESTAURANT FLUNCH [151 E1]

Das Flaggschiff Beaubourg am Centre Pompidou ist der Mittelpunkt eines weitgespannten Netzes von Flunch-Selbstbedienungsrestaurants, die nach dem All-you-can-eat-Prinzip funktionieren: Der Gast bezahlt für die Hauptspeise und kann am Büfett so viel Nachschlag an Beilagen wie verschiedenen Gemüsesorten, Kartoffeln und Reis holen, wie er möchte. Angeboten wird eine reichhaltige Auswahl von typisch französischer Küche. Durchaus dekorativ angerichtet, reiht sich eine respektable Auswahl an Vorspeisen und Desserts in den Kühlfächern. Auch das Salatbüfett lohnt einen zweiten Blick. Sollte der Hauptgang noch zu fad schmecken, kann man mit den vielen angebotenen Saucen nachwürzen.

Das Menü für einen Erwachsenen kostet um die 6 Euro – ein durchaus bedenkenswertes Angebot, wenn Sie eine gewisse Kantinenatmosphäre nicht scheuen. Unter der Web-Adresse *www.flunch.fr* (nur französisch) finden Sie noch weitere Filialen dieser beliebten Kette. *Tgl. | 21, rue Beaubourg | Tel. 01 40 29 09 78 | M11: Rambuteau | 4. Arr.*

CLEVER!

> Gratis: Eau en carafe

Machen Sie es wie die Franzosen: Selbst in gehobenen Kreisen wird zum Essen *eau en carafe*, also eine Karaffe Leitungswasser, bestellt. So sparen Sie bei diesem Gratisgetränk nicht nur Kalorien, sondern auch Geld. Und wenn Sie im Lokal um sich schauen, werden Sie entdecken, dass auf fast jedem Tisch eine solche Karaffe steht. Mit Markenmineralwasser können Sie nämlich böse Überraschungen erleben: Es kann manchmal teurer sein als der Wein.

KAUFHAUS-RESTAURANT DES BHV [151 E2]

Im 5. Stock des Kaufhauses *BHV (Bazar de l'Hôtel de Ville)* können Sie sich nicht nur warme Mittagsgerichte ab 5 Euro gönnen. Sie haben nebenbei auch noch einen schönen Ausblick auf das gegenüberliegende Rathaus. Und da der Blick über die Terrasse auf das neogotisch verschnörkelte Hôtel de Ville gar so schön ist, lässt man sich auch noch zu einem Dessert vom reichhaltigen Büfett hinreißen – was bei diesen Preisen allerdings nicht schlimm ist: Warum nicht gleich eines der drei dreigängigen Tagesmenüs á 10 Euro wählen? *Mo–Sa 11.15–18, Mi 11.15–20.30 Uhr | 14, rue du Temple | M1: Hôtel de Ville | 4. Arr.*

LES COMPTOIRS CASINO [160 C2]

Wenn Sie beim Ausflug in die futuristische Architektur von La Defense der Hunger packt: Im riesigen Einkaufszentrums *Centre Commerciale Auchan Le Quatre Temps* unterhalb der ultramodernen Gebäude finden Sie dieses nicht unattraktive Kaufhausrestaurant, das sogar – ungewöhnlich genug – am Sonntag geöffnet hat. Das *steak haché* mit Pommes Frites, Vorspeise und Getränk schlägt mit gerade mal 6,90 Euro zu Buche. Aber auch *à la carte* oder an der Salatbar werden Sie mit Sicherheit nicht arm *(3–6 Euro)* und haben eine große Auswahl. *Mo–Sa 9–21, So 11.30–21 Uhr | 15, le Parvis de La Défense, 2. Stock | Tel. 014 77 35 33 69 | www.lescomptoirs-casino.fr, www.les4temps.com | M1: La Défense | Puteaux*

IMBISSE

AU P'TIT GREC [157 E1]

An der sehr lebendigen rue Mouffetard, einer der Hotspots von Partygängern und Nachtschwärmern, liegt dieses kleine Lokal mit einem *crêpes*-Stand, der mit der Zeit zu einer echten Institution geworden ist. Ob es hier wirklich, wie manche Gäste meinen, die „weltbesten Pfannkuchen" gibt, sei dahingestellt. Tatsache aber ist, dass die riesigen, bestens mit frische Zutaten belegten *crêpes* köstlich schmecken und nur 3–6 Euro, je nach Belag, kosten. Wenn das nicht jeden Grund rechtfertigt, fürs Essen hierher zu fahren! *Tgl. | 66, rue Mouffetard | M10: Cardinal Lemoine | 5. Arr.*

COJEAN [142 B4–5]

Nicht nur bei Jugendlichen, auch bei Geschäftsleuten mit knappem Zeitbudget sind „Sandwicherien" dieser Art absolut angesagt. Appetitlich und fantasievoll zubereitetes Snackfood wie Thunfisch-Wraps, getoastete Sandwiches mit Mozzarella und Tomaten oder ein japanischer Nudelsalat werden hier, verpackt in transparentem Plastik, im coolen Rahmen verspeist oder mitgenommen. Die Teile sind zwar oft nicht üppig, aber ab 4 Euro kann der kleine Hunger hier günstig gestillt werden. Cojean ist eine Kette mit vielen Filialen. *Z. B. Cojean Kléber: So geschl. | 78, avenue Kleber | Tel. 01 47 04 73 80 | www.cojean.fr | M2: Boissère | 16. Arr.*

L'AS DU FALAFEL [151 F2]

Die rue des Rosiers, in der das traditionelle jüdische Leben wie nirgendwo anders in der Stadt pulsiert, hat sich in den letzten Jahren zur Modemeile mit vielen minimalistsichen Showromms für trendige Labels entwickelt. Und sie ist eine Straße für die Liebhaber von *falafel* geworden:

Nos
Crêpes
à
partir
de
2€
Thé
à la
Menthe
1€

Für 5 Euro gibt es etwa im L'As du Falafel die leckeren Kichererbsen-Bällchen in den unterschiedlichsten Geschmacksvariationen. Serviert werden sie zusammen mit verschiedenen Salaten, gegrilltem Gemüse und immer anders schmeckenden Saucen im Pita-Brot. Gerade Vegetarier, die in Paris oft zu kurz kommen, kommen hier voll auf ihre Kosten – auch wenn man manchmal Schlange stehen muss. Sie können sich die *falafel* aber natürlich auch an einem der anderen Straßenstände, die zu den jeweiligen Lokalen gehören, holen, lecker sind sie überall. Lassen Sie sich anschließend auf der Rasenfläche der benachbarten place des Vosges nieder, hier gibt's sogar WLAN-Empfang. *Fr-Abend u. Sa geschl. | 34, Rue des Rosiers | Tel. 01 48 87 63 60 | M1: Saint-Paul | 4. Arr.*

LA DROGUERIE DU MARAIS [151 F2]

In der beliebten rue des Rosiers stehen die Gäste vor dem blaugetäfelten Ladeneingang grundsätzlich Schlange, um sich einen leckeren, süßen oder herzhaften *crêpe* für 2–4 Euro zu holen. Bei schlechterem Wetter kann man sich auch in den engen Räumlichkeiten niederlassen, um sich eine Suppe für 2,50 Euro oder einen *thé à la menthe* für 1 Euro zu genehmigen. *Mo geschl. | 56, Rue des Rosiers | M1: Saint Paul | 4. Arr.*

POMME DE PAIN [143 D4]

Für die noble Adresse an der Champs-Élysées bietet dieser Straßenverkauf, eine Filiale der Pomme-de-Pain-Kette, eine reichhaltige Auswahl zu zivilen Preisen. Das Menü z. B. mit großem Baguette mit Lachs-Garnelen-Belag, Kartoffeln oder Suppe, kleinem Dessert und Getränk gibt es schon ab 7,80 Euro! Falls Sie doch noch schnell Platz nehmen möchten, dann in ansprechend poppig-modischer Atmosphäre. Beeindruckende Öffnungszeiten! *Tgl. 5–2 Uhr | 50, Champs-Élysées | Tel. 01 48 95 71 14 | www.pommedeparis.fr | M1, 9: Franklin D. Roosevelt | 1. Arr.*

SNACK TIME [150 C3]

Die Studenten schwärmen hierher wie die Motten zum Licht, vor allem auch nach Kinovorstellungen. Das *formule* (ab 6,70 Euro) ist beliebig kombinierbar aus Salat, Panini, Muffins, Pizzas usw. *Tgl. | 97, Boulevard St Germain | Tel. 01 46 33 30 71 | M4, 8: Odéon | 6. Arr.*

Bild: La Droguerie du Marais – französisches Flair und köstliche Crêpes

GALERIES LAFAYETTE [144 B3]

Die Delikatessenabteilung der Galeries Lafayette ist so fantastisch schön wie sündhaft teuer. Beim Anblick der ansprechend drapierten und präsentierten Köstlichkeiten wird Ihnen garantiert das Wasser im Mund zusammenlaufen. Und das Schöne: Sie müssen nur kurz auf den Genuss verzichten. Fahren Sie einfach in die 6. Etage hinauf. Dort findet sich, neben vielen anderen Restaurants und Cafés, ein „Self", ein Selbstbedienungsrestaurant, in dem es ganz ähnliche Gerichte wie in der Delikatessenabteilung im Erdgeschoss gibt – zum halben Preis! Greifen Sie also zu, holen Sie sich einen gegrillten Lachs mit Reis zum fantastischen Preis von 9 Euro. Oder darf es ein Teller Salat vom Büfett für 4,50 Euro sein? Setzen Sie sich dann möglichst an einen der Tische am Fenster und genießen Sie den herrlichen Logenblick auf das gegenüberliegende Opernhaus – und Sie werden die wenig attraktive Kantinenatmosphäre garantiert völlig vergessen. *Mo–Sa 9.30–20, Do bis 21 Uhr | 40, boulevard Haussmann | M7: Opéra, RER A: Auber | 9. Arr.*

GAYA RIVE GAUCHE [150 B2]

Pierre Gagnaire ist ein Koch von Weltrang und einer der Vorreiter der Fusion-Küche. Neben seinem berühmten Restaurant in der rue Balzac hat er auch eine Bistro-Variante eröffnet. Trendig-junges Design herrscht dort nicht nur bei der Inneneinrichtung, auch die Küche will sich deutlich von jenen Konzepten distanzieren, die die angestaubten Gourmettempel prägen. Diese Herangehensweise schlägt sich auch in den Preisen nieder: So kostet im Gaya Rive Gauche ein Gericht wie *Mont d'Or auf Nudeln mit weißen Trüffeln* nur 20 Euro oder *Rehnüsschen mit Rotkraut-Confit und Cassis* nur 40 Euro – Sterneküche zum wirklich fairen Preis. *So geschl. | 44, rue du Bac | Tel. 01 45 44 73 73 | www.pierre-gagnaire.com | M12: Rue du Bac | 7. Arr.*

L'ATELIER DE JOEL ROBUCHON [143 D4]

Mit mehr als 30 000 verkauften Büchern und mehr als 26 Michelin-Sternen, die er im Lauf der Zeit erhalten hat, gehört Joel Robuchon zu den Großen des Jahrhunderts. Nachdem er seine Sterne zu-

LUXUS LOW BUDGET

rückgegeben hat, konzentriert er sich in seinen weltweit verstreuten Filialen auf das Konzept „Atelier“: Der Gast sitzt wie etwa hier im Restaurant am Triumphbogen an einer modernen, schwarz-rot lackierten Theke und lässt sich ein Stündchen Zeit, um sich den Geschmackserlebnissen hinzugeben. Hochwertig und schnell, das ist der neue Trend! Und für dieses Niveau kostengünstig noch dazu: Der Durchschnittspreis für ein *menu à la carte* beträgt mittags und abends ca. 80 Euro. *Tgl. | 133, avenue des Champs-Élysées | Tel. 01 47 23 75 75 | www.joel-robuchon.net | M1, 2, 6: Charles de Gaulle– Étoile | 1. Arr.*

SENDERENS/RESTAURANT BAR LE PASSAGE [144 A4]

Alain Senderens hat seinen Wirkungsort nicht geändert. Nachdem er im Lucas Carton über Jahrzehnte hinweg mit drei Michelin-Sternen ausgezeichnete Küche serviert hat, gab er 2005 die Auszeichnungen zurück. Nur, um im Senderens noch kreativer Krustentiere, Vanille-Hummer oder Honig-Ente zuzubereiten. Mit diesem Schritt fielen die Preise bereits um zwei Drittel, sodass das Menu im Restaurant jetzt „nur noch“ 150 Euro kostet. Nun aber der Clou: In der Bar Le Passage wird Ihnen eine Etage höher die gleiche Qualität geboten, wenn auch mit weniger Auswahl, in einer weniger gehoben wirkenden Atmosphäre – und für deutlich weniger Geld: Mittags und abends kostet das Menü mit *amuse bouche* und drei Gängen nur 36 Euro! *Tgl. | 9, Place de la Madeleine | Tel. 01 42 65 56 66 | www.senderens.fr | M8, 12, 14: Madeleine | 1. Arr.*

Insider Tipp

SENSING [156 B1]

Während Sie in Guy Martins Hauptrestaurant *Le Grand Vefour* rund 270 Euro für das Menü ausgeben, zahlen Sie hier unter der Schirmherrschaft desselben Kochs nur 55 Euro für 3 Gänge inklusive einem halben Liter Wein, Wasser und Kaffee. Als Hauptgang wird dann z.B. gegrillte Seezunge mit schwarzen *gnocci*, konfitierter Zitrone und Kapern geboten. Ein Augenschmaus in diesem ultracoolen Bistro-Restaurant. *Mo, Di geschl. | 19, Rue Bréa | Tel. 01 43 27 08 80 | www.restaurantsensing.com | M4: Vanvin | 15. Arr.*

> Paris bedeutet große Mode – die aber gar nicht teuer sein muss. So bleibt für alles andere genügend übrig!

Neben Mailand gilt Paris als europäisches Mode-Mekka. Trotzdem muss Design nicht gleich teuer heißen: In manchen Boutiquen oder auf Flohmärkten können Sie eine originelle Bluse durchaus für 5 Euro erwerben – die modebewusste Pariserin macht das übrigens auch nichts anders! Zudem kauft die Durchschnittsfranzösin eher feminin-konventionell und wartet deshalb oft auf den Schlussverkauf, bei dem es nicht selten Preisnachlässe bis zu 70 Prozent gibt. Aber auch zwischen den Schlussverkaufszeiten im Januar und Juni können Sie jede Menge Modeschnäppchen machen, nämlich in Läden, die ihre Waren mit *degriffé* oder *demarqé* ausgezeichnet haben. Oft handelt es sich dabei um Modelle der Vorsaison, was bei klassischer Mode aber keinen Abbruch tut. Edle Stücke zu zum Teil sensationellen Preisen finden Sie in den Haute-Couture-Secondhandläden oder in den vielen Outlets, nach deren Besuch Sie theoretisch von Kopf bis Fuß mit Markennamen eingekleidet sind, ohne dass im Geldbeutel gähnende Leere herrscht. Aber nicht nur Mode lässt sich in Paris günstig erstehen: Auch Kunst, Musik oder Kosmetik muss nicht die Welt kosten, ebenso wie Accessoires oder Deko-Stücke in charmanten kleinen Läden.

SHOPPEN

ACCESSOIRES & SOUVENIRS

ART GÉNÉRATION [151 E2]

Nur wenige Schritte vom Centre Pompidou entfernt können Sie hier Originale von aufstrebenden Künstlern zwischen 25 und 2500 Euro erwerben. Der Laden mit seinen bis zu 4000 Werken (Malerei, Grafiken und Fotografien) gleicht eher einem Kunstkaufhaus als einer Galerie. *Mo–Fr 11–19.30, Sa, So 12–19.30 | Uhr | 67, rue de la Verrerie | Tel. 01 53 01 83 88 | www.artgeneration.fr | M1: Hôtel de Ville | 4. Arr.*

sider ipp

LA MAISON DU SAVON DE MARSEILLE [151 F2]

Dieser kleine Laden ist ganz auf die berühmte Seife aus der Provence eingestellt. Die vollständig aus natürlichen Stoffen produzierten Stücke, die in allen Farben schillern, gibt es in insgesamt 90 natürlichen Duftnoten. Es ist ein Genuss, sich hier durchzuschnuppern – und für 3,50 Euro ein typisch französisches und dazu noch günstiges Mitbringel zu erstehen. *17, rue de la Verrerie | Tel. 01 42 71 40 21 | M1: Hotel de Ville | 4. Arr.*

LES TISSUS SAINT-PIERRE [137 D5]

Stoffmuster à la française sind weltbekannt. In diesem über 500 m^2 großen Laden muss man sich durch die großen Stoffrollen durchzwängen, um das geeignete Muster für Tischdecke oder Vorhang, aber auch für kompliziertere Nähwerke zu finden.

Die Preise hier sind für Pariser Verhältnisse unschlagbar! *Mo–Sa 9.30–19 Uhr | 3, rue de Steinkerque | Tel. 01 46 06 43 59 | M2: Anvers | 18. Arr.*

TATI [137 E5]

Das absolute Billigkaufhaus der Stadt liegt am Fuß des Montmartre-Hügels und lohnt einen Ausflug nicht nur wegen seines Sortiments, sondern vor allem auch wegen der Atmosphäre. Seit den 1950er-Jahren türmen sich hier inmitten ständigen Gewühls preislich unschlagbare Waren: von Mode – sogar orientalisch-rüschige Brautkleider für 100 Euro sind im Angebot – über Küchen- und Dekoartikel bis zu Süßigkeiten. Das mag durchaus kitschig und auch nicht immer sonderlich hochwertig sein, aber originelle Dinge finden sich allemal. Und wer nichts findet, der kann zumindest die durch die Menschen aus den benachbarten nordafrikanischen Vierteln geprägte exotische Atmosphäre genießen. Auf insgesamt 3500 m² verteilt, reihen sich auf dem gleichen Boulevard verschiedene Kaufhäuser aneinander, die allesamt am pinkfarbenen Emblem zu erkennen sind. *Mo–Fr 10–19, Sa 9.15–19 Uhr | 4, boulevard de Rochechouart | Tel. 01 55 29 50 00 | www.tati.fr | M2, 4: Barbès–Rochechouart | 18. Arr.*

BUMMELN

Durch bestimmte Einkaufsgegenden in Paris zu spazieren, reicht oft fast an das Erlebnis eines Museumbesuchs heran. Dort will man die Bilder ja auch nicht gleich besitzen, sondern nur visuell genießen. Die Franzosen nennen einen Einkaufsbummel dieser Art auf unnachahmlich originelle Weise *lèche vitrine* (zu Deutsch: Schaufenster ablecken).

PASSAGES COUVERTS [144 C4–5]

Der Tipp für Regentage: Durch diese nostalgischen überdachten Einkaufspassagen aus dem 19. Jh. zu spazieren, ist der Höhepunkt jeder Shopping-Tour! Insider Tipp Sie tauchen nicht nur ein in den Glanz vergangener Epochen, in den Antiquariaten mit unzähligen alten Postkarten, Büchern und anderen Stücken findet sich sogar das eine oder andere bezahlbare Kleinod. Boutiquen mit ausgesuchtem Schmuck und trendiger Kleidung wechseln mit plüschigen, eleganten Cafés und Teestuben. In der Gegend um das Palais Royal finden sich eine ganze Reihe

Bild: Ein Shopping-Bummel wie eine Zeitreise: in den Passages Couverts von Paris

mehr oder weniger restaurierter Passagen, deren Prinzip damals von Paris aus seinen Siegeszug um die Welt antrat. Zu ihnen gehören etwa die Galerie Véro-Dodat, die prunkvolle Galerie Vivienne oder die Passage des Panoramas. *Mo–Sa 10–19 Uhr | zwischen Palais Royal und bourse (Börse) | M1: Palais Royal–Musée du Louvre | 1. Arr.*

CLEVER!

> Pariser Schnäppchenzeit

Es soll japanische Hardcoreshopper geben, die eigens zum Schlussverkauf in die französische Hauptstadt reisen! Kein Wunder, ab einer bestimmten Preisklasse und bei oft bis zu 70 Prozent Nachlass kann sich ein solcher Trip durchaus lohnen. Zweimal im Jahr *(je 5 Wochen ab Mitte Januar und ab Ende Juni | genaue Daten unter www.parisinfo.com)* stehen ganz unter dem Schnäppchenzeichen. Auch die Pariserin selbst stellt sich dann schon mal eine Stunde vor Öffnung der Kaufhäuser in die Schlange! In der Touristeninformation *(S. 13)* erhalten Sie zur Orientierung auch gratis das *Paris Shopping Book* mit mehr als 300 Adressen.

TRIANGLE D´OR **[143 D3–5]**

Die Region um die avenue Montaigne, die Champs-Élysées und die avenue George V wird *triangle d'or*, Goldenes Dreieck, genannt. Schließlich sollte man schon einige Goldbarren zu Hause haben, um sich so manch leichtes Stöffchen leisten zu können – es sei denn, es ist *soldes*, Schlussverkauf *(s. Kasten)*. Dann haben selbst Normalsterbliche die Chance, ein Stück von Chanel, Dior, Prada, Dolce & Gabana zu ergattern.

Auch in den nahegelegenen Straßenzügen der avenue Matignon, der rue du Faubourg Saint-Honoré oder der rue François I reihen sich die pompösen Boutiquen mit ihren repräsentativen Eingangsportalen, vor denen Madame sich von ihrem Privatchauffeur absetzen lässt. *Champs-Elysées | M1: Franklin D. Roosevelt | 8. Arr.*

VIADUC DES ARTS **[159 D1]**

Unter den sorgfältig restaurierten, verglasten Bögen dieses alten Eisenbahnviadukts befinden sich die Ateliers und Verkaufsräume von mehr als 50 Kunsthandwerkern. Sie produzieren feine Stücke aus Holz, Glas, Kupfer, Gold oder Stoffen, die allerdings ihren Preis haben. Was aber nicht heißen soll, dass man nicht das ein oder andere attraktive Sonderangebot ergattern kann.

Den Bummel beschließen können Sie mit einem bezahlbaren Souvenir aus dem geschmackvollen Ethno-Laden *N'O (Hausnummer 21)*, der fantasievolle Deko aus Naturmaterialien verkauft. Und am Schluss können Sie noch einen kleinen Spaziergang auf dem üppig bepflanzten Dach des Viadukts anhängen: Sie laufen hier auf einem Teil der *Promenade Plantée*, einem 4,5 km langen, begrünten Weg, auf dem die ehemalige Eisenbahnlinie zur Bastille verlief *(www.promenade-plantee.org). Mo–Sa 11–19, So 14–18.45 Uhr | 119, avenue Daumesnil | M1, 14, RER A, D: Gare de Lyon | 12. Arr.*

FLOHMÄRKTE

CLIGNANCOURT [160–161 C2]

Der *Marché aux Puces de Saint Ouen* gilt u. a. auch als weltgrößter Antiquitätenmarkt. Das hat sich mittlerweile herumgesprochen, dementsprechend sind die Preise gestiegen. Und dennoch: Wer sich Zeit nimmt, wird noch immer das eine oder andere Lieblingsstück zum Schnäppchenpreis finden – bei einer Riesenauswahl von über 3000 Händlern und jeder Menge Trödel. *Sa, So 9–18, Mo 10–18 Uhr | 130, avenue Michelet | M4: Porte de Clignancourt | 18. Arr.*

MARCHÉ VANVES [155 D5]

Hier wird Nostalgie großgeschrieben, und bei 380 Händlern ist der Flohmarkt gerade noch so überschaubar. In all den alten Fotos, Postkarten, Büchern, Münzen und dem alten Geschirr zu stöbern, ist ein kultureller Ausflug in die französische Vergangenheit. Und nette Stücke zum fairen Preis gibt's obendrein zu ergattern. *Sa, So 7–13, zum Teil bis 17 Uhr | avenue Marc Sangnier | M13: Portes des Vanves | 14. Arr.*

MÄRKTE

MARCHÉ BELLEVILLE [146–147 C3–D4]

Zwischen den Stationen Ménilmontant und Belleville spielt sich zweimal die Woche ein wahres Spektakel ab, wenn die Marktschreier aus aller Herren Länder ihre erstaunlich günstige Ware feilbieten. Hier, im multikulturellen Osten, ist das elegante Paris ausgeblendet: Auf diesem größten Markt werden freitags sogar lebendige Hühner angeboten! Ob es

Fan di FENDI
FRAGRANCE BY FENDI
GUERLAIN
GUERLAIN

sich um Stände mit 1-Euro-Krimskrams, indische Stoffe oder arabische Honigküchlein handelt, es ist ein wahres Feuerwerk an Eindrücken. Die exotischen Köstlichkeiten können Sie beim Picknick im nahe gelegnen Parc des Buttes-Chaumont verspeisen. *Di, Fr 7–14.30 Uhr | boulevard Belleville | M 2: Ménilmontant | M2, 11: Belleville | 11. Arr.*

MARCHÉ D´ALIGRE **[152 C4]**

Dieser Markt gilt als einer der günstigsten von Paris! Aber nicht nur das, es ist auch ein wahres Vergnügen, die quirlige Atmosphäre zu erleben. Nirgendwo ist das Gemüse so frisch, da es rasend schnell verkauft wird, aber auch das Angebot von Secondhand-Kleidung so groß. Viele afrikanische, indische und asiatische Stände sorgen für zusätzliches exotisches Flair. Die besten Preisnachlässe gibt es sonntags um 13 Uhr. *Di–So 7–13.30 Uhr | place d´Aligre | M 8: Ledru-Rollin | 12. Arr.*

MODE

GALERIES LAFAYETTE **[144 B3]**

Ja, auch in dem großen Traditionskaufhaus, einem der ältesten und exklusivsten Frankreisch, kann man Schnäppchen machen. Am besten, Sie schauen schon vorab auf die Internetseite *www.galerieslafayette.com*. Dort finden Sie unter der Rubrik *bonnes affaires* (Sonderangebote) meist bis zu 300 Angebote nach Farben, Preisen und Marken geordnet. Durchschnittlich können Sie hier mit Nachlässen von 60 Prozent rechnen. Im Kaufhaus sind zwar nicht alle Angebote der Website vorrätig, trotzdem sparen Sie durch die Vorauswahl Zeit, Geld und Nerven. *Mo–Sa 9.30–20, Do bis 21 Uhr | 40, boulevard Haussmann | M7: Opéra | 9. Arr.*

KOKAI-STOCK **[145 E4–5]**

Die große Marke mit japanisch klingendem Namen steht für junge, verspielte französische Mode. In diesem Laden unweit Les Halles herrscht das ganze Jahr Schlussverkauf: Die Mode des vorangegangenen Jahres wird für 50 Prozent verkauft. Für einen Rock oder eine Hose muss man also rund 40 Euro bezahlen, für ein Kleid ca. 70 Euro. Während der Schlussverkaufszeiten wird noch eins daraufgesetzt, dann beträgt die Reduktion stolze 70 Prozent.! *Mo–Sa 10.30–19.30 Uhr | rue Réamur | M3, 4: Réamur- Sébastopol | 2. Arr.*

Bild: Wo der Begriff Konsumtempel passt – die Galeries Lafayette

MOUTON À 5 PATTES [150 A4]

Um die Ecke des Edel-Kaufhauses Bon Marché finden Sie hier eng zusammengepackte *degriffé*-Ware, also Stücke aus der vorherigen Saison. Erst wenn die Labels herausgeschnitten wurden, dürfen die einst teuren Stücke günstig verkauft werden. So sind hier Teile von Moschino, Jil Sander, Gaultier etc. aufzuspüren. *Mo–Sa 10–19 Uhr, Aug. Mo. geschl. | 18, rue-Saint-Placide | M4: St. Placide | 6. Arr.*

SYMPA [137 D5]

Am Fuße des Montmartre türmt sich in diesem engen Laden die fantastisch billige, aber hochwertige Ware. Wer ins Sympa kommt, darf Körperkontakt nicht scheuen, schließlich kann hier ein BH der Marke Aubade 12 Euro kosten und anderswo das Fünffache. Es gibt kaum Möglichkeiten, die Pullover, Hosen und Jacken anzuprobieren, an der Kasse sind meist lange Schlangen. *Mo–Sa 10.30–19.30 Uhr | 72, boulevard Rochechourt | M2: Anvers | 18. Arr.*

UNIQLO PARIS OPÉRA [144 B3]

Die japanische Alternative zu H&M, nur wenige Meter entfernt am boulevard Haussmann (Nr. 54). Teilweise brauchbare Basics mit für den Preis überraschend guten Materialien wie Kashmir (Pullover 50 Euro), ultraleichte Daunen oder wärmende High-Tech-T-Shirts aus dünnstem Baumwollstoff. *Mo–Sa 10–20, Do bis 21 Uhr | 17, rue Scribe | M3, 8: Opera | www.uniqlo.com | 2. Arr.*

SECONDHAND

CHERCHEMINIPPES [149 F5] Insider Tipp

Einer der Pioniere der Pariser Secondhand-Läden, der Wert auf tadellosen Zustand der Ware legt und meist um die 50 Prozent im Vergleich zum Ladenpreis nachlässt. Mit der Zeit sind in der rue du Cherche Midi sechs Läden entstanden, die sich auf verschiedene Schwerpunkte spezialisiert haben. Nr. 102 bietet leicht gehobene Marken wie Agnes B. oder Diesel, Nr. 109 Haushalt und Deko, Nr. 110 Kindermode, Nr. 111 Herrenausstattung, Nr. 114 Haute Couture wie Hermès, Saint-Laurent, Dior, Sonya Rykiel, Armani, Nr. 124 Accessoires wie Schmuck und Taschen. *Mo–Sa 11–19 Uhr | 102, 109, 110, 111, 114 u. 124, rue du Cherche Midi | www.chercheminippes.com | M12: Falguière | 6. Arr.*

FREE „P“ STAR VERRERIE **[151 E2]**
Ein Secondhand-Laden mit oft flippigem Klamotten aus verschiedenster Herkunft. Besonderen Spaß macht es, sich durch riesige Berge von Blusen zu einem Euro zu wühlen. Und letztlich findet sich immer etwas Originelles. *Mo–Sa 11–21, So 14–21 Uhr | 61, rue de la Verrerie | www.freepstar.com | M1: Hôtel de Ville | 4. Arr.*

GEMEINSCHAFT EMMAÜS DÉFI **[138 B3]**
1953 hat der Pater Abbé Pierre eine Organisation zur Unterstützung finanziell benachteiligter Menschen gegründet, die sich mittlerweile in 40 Länder ausgebreitet hat. Gut betuchte

CLEVER!

> Sparen im Outlet-Center-Paradies

In dieser touristisch eher unspektakulären Straße finden sich gleich mehrere Outlet-Läden teils großer französischer Namen. Hier sind Preisnachlässe bis zu 50 Prozent möglich, zu Schlussverkaufszeiten können es noch mal 20 Prozent sein. Alle Outlets liegen an der *rue d'Alesia (14. Arr. | M4: Alesia* **[156 A–B5]***)*. Hier die wichtigsten: *Stock Sinequanone (Di–Sa 10.30–19.30, Mo ab 14.30 Uhr | 74, rue d'Alesia | www.sinequanone.com)* hat im Angebot, was die Französin im Büro trägt, zu moderaten Preisen und mit Schnäppchenecke. Bei *Stock Dorotennis (Mo–Sa 10.30–19.30 Uhr | 74, rue d'Alesia | www.dorotennis.com)* gibt es sportliche Mode für den Urlaub zu niedrigen Preisen. Eine klassische Edelmarke für Frauen aller Altersgruppen ist *Stock Georges Rech (Mo–Sa 10.30–19 Uhr | 100, rue d'Alesia | www.georges-rech.fr)*, bei *Stock Sonja Rykiel (Mo–Sa 10.30–19 Uhr | 110–112 rue d'Alesia)* gibt es den lässigen Strickstil der großen Designerin. Auch Männer und Kinder kommen bei *Stock Cacharel (Mo–Sa 10–19 Uhr | 114, rue d'Alesia)* auf ihre Kosten. Gleich ein ganzes Outlet-„Dorf“ ist das *La Vallée Village (Mo–Sa 10–19, So 11–19 Uhr | 3, cours de la Garonne | Serris | RER A: Val d'Europe* **[0]***)*. Unter den 90 Geschäften finden sich meist feine Adressen wie Bally, Armani, Burberry, Calvin Klein, Kenzo usw. Die Preisnachlässe betragen durchschnittlich 30–60 Prozent.

Schönheit in allen Regenbogenfarben: Kosmetik bei Sephora

Franzosen spenden allerlei Objekte wie Kleidung, Möbel, Bücher, Fahrräder, CDs. In unzähligen Filialen wird alles von Obdachlosen, die dafür Kost und Logis erhalten, sortiert und in Schuss gebracht. Damit ist allen geholfen: Spendern, Obdachlosen und Käufern, die für ihr Schnäppchen einen sozialen Beitrag geleistet haben. *Mi–Sa 15–18 Uhr | 104, rue d'Aubervilliers | www.emmaus-defi.org | M2, 5, 7: Riquet | 19. Arr.*

MUSIK

CROCODISC [151 D4]

Alles außer Klassik können Sie in diesem CD- und Schallplattenladen, aufstöbern. Durch die geschickte Preis-

politik des Besitzers kosten die neuen und gebrauchten Tonträger ab 2 Euro. Kein Wunder, dass der Laden von den Studenten der Umgebung stark frequentiert wird. Sind Sie eher Jazz-Fan, dann gehen Sie einfach ein paar Schritte weiter zu Crocojazz, um dort zu stöbern! *Di–Sa 11–19 Uhr | 40/42, rue des Ecoles | M10: Maubert–Mutualité | 5.Arr. | Crocojazz: 64, rue de la Montagne-Sainte-Genevieve; www.crocodisc.com*

KOSMETIK

CITY-PHARMA [150 B3]

Mitten im Touristenviertel Saint-Germain-des-Prés finden Sie auf zwei Etagen City-Pharma, wo Medikamente und Kosmetikartikel aufgrund einer unschlagbaren Preispolitik oft für die Hälfte des Normalpreises zu bekommen sind. *Mo–Fr 8.30–20, Sa 9–20 Uhr | 26, rue Four | M4: Saint-Germain-des-Prés | 6. Arr.*

SEPHORA [143 D3–4]

In diesem riesigen Kosmetiktempel an der Champs-Elysées können Sie bei heißen Disco-Rhythmen nicht nur stundenlang Farben vergleichen oder Angebote an Sonderständen aufspüren, sondern sich auch noch für 10 Euro fachgerecht – selbst zu fortgeschrittener Stunde (bis 1 Uhr!) – schminken oder maniküren lassen. Wenn das keine Einstimmung auf eine glamouröse Nacht in Paris ist! *Mo–Do, So 10–24, Fr, Sa 10–1 Uhr | 70–72, avenue Champs-Élysées | www.sephora.fr | M1: Franklin D. Roosevelt | 8. Arr.*

MI-PRIX [154 A3]

„Der Teufel trägt Prada" – und Sie können es auch, wenn Sie in diesen Schuhladen gehen. Große Marken sind bis zu 70 Prozent günstiger. Einzige Nachteile: Die (neuen) Schuhe stammen oft aus der vorigen Saison und es sind nicht alle Größen vorrätig. Bei Preisen ab 50 Euro verlassen nicht wenige Kunden den Laden gleich mit mehreren Paaren! *Mo–Sa 10–19.15 Uhr | 27, boulevard Victor | M8: Balard | 15. Arr.*

LA MAROQUINERIE PARISIENNE [144 A–B3]

In diesem bis an die Decke vollgestopften zweistöckigen Laden in der Nähe der alten Oper finden Sie Taschen, Gürtel, Geldbeutel und Reisegepäck aus Leder: ein Sortiment, das durchschnittlich 10–20 Prozent günstiger ist als anderswo. Vertreten sind alle großen Marken von Longchamp bis Samsonite. In der speziellen Angebotsecke gibt's sogar bis zu 40 Prozent Nachlass. *Mo 13–19, Di–Sa 10–19.30 Uhr | 30, rue Tronchet | www.lamaroquerineriepari sienne.com | M9, RER A: Havre-Caumartin | 9. Arr.*

LA PISCINE [152 A2]

Leicht versteckt in einem Hof im lebendigen Stadtteil Marais befindet sich dieser Outlet-Laden der Luxusklasse, der sich auf große italienische Marken spezialisiert hat. Preisnachlässe um die 50 Prozent sind nicht selten. Eine Hose von Dolce & Gabbana für 130 Euro – hier ist es möglich. *Mo 13.30–19, Di–So 10.30–19.30 Uhr | 13, rue des Francs-Bourgois | M1: Saint Paul | 9. Arr.*

RECIPROQUE [141 E5]

Insider Tipp

Mit über 700 m^2 einer der größten Luxus-Secondhand-Läden von Paris. Die sechs Geschäfte an der rue de la Pompe sind thematisch nach Schmuck, Taschen, Kleidung und Schuhen unterteilt. Die ehemaligen Abendroben eleganter Damen (und Herren) sind allesamt gut erhalten und akkurat nach den Namen großer Couturiers gehängt. Die oft mit reichlich französischem Schnick-Schnack dekorierten Teile bekommen Sie dann für ein Viertel des ursprünglichen Preises. Es kann schon passieren, dass Sie den Klassiker, ein Chanel-Kostüm, im Top-Zustand für 170 Euro auftreiben.

LUXUS LOW BUDGET

Di–Fr 11–19, Sa ab 10.30 Uhr | 89, 92, 93, 95, 97 u. 101, rue de la Pompe | M9: Rue de la Pompe | www.reciproque.fr | 16. Arr.

ROYAL OPERA **[144 C5]**
Paris gilt als die weltweite Metropole des Parfums, trotzdem sind die Preise hier meist höher als im benachbarten Ausland. Ein bisschen anders verhält es sich in der kleinen Parfumerie in der Nähe der Opéra Garnier. Eigentlich ist der Laden auf *tax free* spezialisiert. Damit die Kunden aus Europa sich nicht so benachteiligt fühlen, hat man auch für sie die Preise um 15 Prozent gesenkt. *Mo–Sa 10–19 Uhr | 19, avenue de l'Opéra | M2, 14: Pyramides | 2. Arr.*

La Maroquinerie Parisienne: Leder in allen Varianten zu günstigen Preisen

> Auch in Paris kann die Nacht zu einer einzigen Party werden. Viele Euros sind dazu nicht nötig

Die Zeiten, in denen man nach Paris gefahren ist, um sich ins Nachtleben zu stürzen, sind vorbei. Längst hat Berlin der Seine-Metropole den Rang abgelaufen, und seit in Paris restriktivster Lärmschutz gilt, werden reihenweise Clubs und Etablissements geschlossen. Mit der Aktion *Quand la nuit meurt en silence* (Wenn die Nacht in aller Ruhe ausstirbt) versuchen engagierte Partymacher die Szene an der Seine zu retten. Außerdem gilt Paris als teuer für Nachtschwärmer – was aber nicht unbedingt stimmt. Es finden sich immer noch genügend interessante Plätze, an denen man sich für wenig Geld amüsieren kann. Neben günstigen Bars, in denen beste Stimmung herrscht, und klassischen Clubs, die an bestimmten Tagen freien Eintritt gewähren, liegen große Kulturhäuser, die teilweise von der Stadt subventioniert werden, im Trend. Ehemalige Bahnhöfe, Lagerhallen, außer Dienst gestellte Schiffe werden zu multifunktionalen Venues umgebaut, in denen Bars, Dancefloors und Konzertsäle unter einem Dach vereint sind. Dabei sind an manchen Tagen Live-Konzerte oder DJs angesagt, ohne dass Eintritt verlangt wird. Oft kostenlos gibt es auch das Paris-Feeling schlechthin: Live-Konzerte alter Chansons – Gänsehaut garantiert.

NACHT LEBEN

BARS

THE BOTTLE SHOP [152–153 C–D4]

Das Pub punktet mit typisch englischem Ambiente und zieht auch ein ebensolches Publikum an. Zwischen 17 und 20 Uhr gibt es täglich Cocktails zum Sparpreis von 5 Euro. Ansonsten muss man hier für die Halbe Bier gerade mal 3 Euro bezahlen. *Tgl. 12–2 Uhr | 5, rue Trousseau | Tel. 01 43 14 28 04 | M8: Ledru-Rollin | 11. Arr.*

CHEZ PRUNE [146 A3]

Die rotgetäfelte Fassade der Bar (mit angeschlossenem Restaurant) in der Nähe des Canal Saint-Martin wirkt schon von außen sehr einladend. Und hält drinnen, was sie verspricht: etwas mediterrane Atmosphäre in Verbindung mit trendiger Deko. Zwar wurde das Lokal in letzter Zeit auch von der Schickeria entdeckt, das sollte Sie aber nicht stören. Im Gegenteil, die Preise sind für die Gegend noch ziemlich moderat geblieben. So kostet das Bier faire 3 Euro, während die besonders empfehlenswerte, große Käse- oder Wurstplatte schon für knapp unter 10 Euro schmeckt und sättigt. *Mo–Sa 8–2, So 10–2 Uhr | 36, rue Beaurepaire | Tel. 01 42 41 30 47 | M5: Jaques-Bonsergent | 10. Arr.*

LA FOURMI [136 C5]

Das altertümliche Bistro wurde im Retro-Look zu Bar und Café aufgepäppelt und gilt nun als einer der beliebtesten Treffpunkte der Pariser Jugend – und der Touristen. In der Nähe

Ein bisschen schräg, ein bisschen schäbig – und urgemütlich: La Patache

verschiedenster Konzertsäle gelegen, geht's hier, im reichlich alternativen Ambiente, gerade vor und nach Veranstaltungen rund. Ein Bier ab 2 Euro verhält sich einigermaßen sanft gegenüber dem studentischen Geldbeutel. *Mo–Do 8–13.30 u. 18–4, Fr, Sa 8–16 u. 18–4, So 10–13.30 Uhr | Tel. 01 42 64 70 35 | 74, rue des Martyrs | M12: Abbesses | 18. Arr.*

LA PATACHE **[146 A3]**
Diese Alt-Pariser Kneipe, in der Monsieur Vito seine Jukebox anwirft, ist eine echte Institution geworden. Bei einem Bier für 2,80 Euro lässt es sich hier schon eine Weile aushalten, alternativ gibt es Cocktails für jeweils nur 6 Euro. Packt einen der kleine Hunger zwischendurch, hält Monsieur auch kalte Kleinigkeiten

wie Salate oder Terrinen ab 6,50 Euro bereit. Andere Touristen treffen Sie hier keine, obwohl die Gegend um den Canal Saint-Martin durchaus zu den romantischeren Ecken der Seine-Metropole gehört. *Mo–Fr 16.30–2, Sa, So 14.30–2 Uhr | 60, rue de Lancry | M5: Jacques-Bonsergent | 10. Arr.*

LA PERLE **[152 A2]**

Die Bar mitten im Marais ist nicht ohne Grund immer überfüllt. Der 70er-Jahre-Charme zieht die Schönen und Reichen der Stadt an und mit ihnen eine Schar von jungen Leuten, die der Haute-Volée nacheifern – sehen und gesehen werden! Ein echter *place to be*, aber mit 3 Euro für die Halbe Bier durchaus noch bezahlbar. Zumal das Marais als Trendviertel nicht gerade zu den günstigsten Ausgeh-Spots der Stadt gehört. *Mo–Fr 6–2, Sa, So 8–2 Uhr | 78, rue Vielle-du-Temple | Tel. 01 42 72 69 93 | M1: Saint-Paul | 4. Arr.*

LA SARDINE **[146 B–C3]**

Am charmanten, begrünten kleinen place Sainte Marthe lässt sich, gerade auch im Sommer auf der Terrasse, bei einem Wein und ein paar Tapas *(3–4 Euro pro Schüsselchen)* das Pariser Nachtleben genießen. Manchmal gibt es hier auch Live-Musik. Kein Wunder, dass solche relativ ruhige Eckchen im ehemaligen Arbeiterviertel Belleville immer seltener werden. In Belleville haben sich übrigens auch die meisten Künstler der Stadt niedergelassen, da sie sich hier die Mieten noch leisten können. *Tgl. 9–2 Uhr | 32, place Sainte Marthe Tel. 01 42 49 19 46 | www.barlasardine.com | M2, 11: Belleville | 20. Arr.*

LE RUBIS **[144 B5]**

In dieser Bar scheint die Zeit stehen geblieben zu sein. Erstaunlicherweise schätzen gerade junge Leute die altfranzösische Gemütlichkeit der 1950er-Jahre. Selbst die Preise sind mit einem Bier am Tresen für 2,20 Euro im Stil der guten, alten Zeit gehalten. Gegen den Hunger gibt's u. a. Wurst-und Käseplatten *(alle Hauptgerichte unter 12 Euro). Mo-Fr 11.30–22, Sa 11.30–15 Uhr | 10, rue du Marché-Saint-Honoré | Tel. 01 42 61 03 34 | M 8, 14: Pyramides | 1. Arr.*

LE TAMBOUR **[145 D5]**

Für Nachtschwärmer, die nach dem Abtanzen in der Disko vorhaben, Paris bei Sonnenaufgang zu erleben und sich das Bett zu sparen. Essen hält wach: Die Weinbar versteht sich auch als Bistro, in dem bis um 3.30 Uhr noch warme Mahlzeiten unter 20 Euro serviert werden. *Di–Sa 12–6, So, Mo 18–6 Uhr | 41, rue Montmartre | Tel. 01 42 33 06 90 | M3: Sentier | 2. Arr.*

UDO BAR **[146 C5]**

Wen das Heimweh packt oder wer einfach nur wissen will, wie es in der Szene *franco-allemande* in Paris so aussieht, schaut am besten in dieser Bar im Stil einer Berliner Kneipe vorbei. In der Happy Hour kostet ein Aperitif gerade mal 2 Euro, und ein Cocktail für 5 Euro geht auch in Ordnung. Zum Ambiente passen das Kleinkunsttheater aus Deutschland, das hier manchmal gastiert, und auch die Currywurst *(4,40 Euro)* darf natürlich nicht fehlen. *Di–Sa 18.30–2 | 4, bis rue Neuve-Popincourt | Tel. 01 49 29 06 36 | www.udobar.com | M5, 9: Oberkampf | 11. Arr.*

CLUBS & KONZERTRÄUME

ABRACADABAR **[138 C5]**

In diesem einstigen Vereinshaus gehen nahezu täglich ab 21 Uhr Gratis-Pop- und Rockkonzerte über die Bühne. Freitags und samstags wird dann bei wechselnden DJs abgetanzt. Kein Wunder, dass bei Gerstensaft, der gerade einmal für 2,50 Euro pro Glas den Besitzer wechselt, der Laden brummt. Einmal im Monat stellen sich aufstrebende Künstler, Sänger, Musiker und Schauspieler dem Publikum und präsentieren mehr oder weniger fantasievolle 15-Minuten-Beiträge. Dabei treten immer zwischen 10 und 15 Performer kostenlos auf, und die Stimmung ist dank der Überraschungseffekte bestens. Das jeweilige Datum wird auf der Website bekanntgegeben. *Eintritt frei | Do–Sa 18–5, So–Mi 18–2 Uhr | 123, avenue Jean-Jaurès | Tel. 01 42 03 18 04 | www.abracadabar.fr | M5: Ourq | 19. Arr.*

ALIMENTATION GÉNÉRALE **[146 C4–5]**

Von außen wie ein Tante-Emma-Laden aufgemacht, findet sich auch im Innern ein spannendes Sortiment für Nachtschwärmer. Aperitif an der Bar, Speisen im Restaurant, Abtanzen bei Konzert oder Disko, der Besuch von Vernissage oder Marionettentheater: Hier können Sie nach Lust und Laune zwischen den Vergnügungen hin- und herswitchen. Die Einrichtung à la Flohmarkt trägt zusätzlich zur entspannten Atmosphäre bei.

Donnerstags und freitags gibt's Worldmusic und französische Chansons für 5 Euro pro Live-Konzert. Freitags und Samstags legen DJs (Rock, Jazz, Pop, Funk, Latin) gratis auf. An einem Samstag im Monat ist Gypsy-Swing angesagt und jeden 1. Sonntag im Monat wird zwischen 17 und 23 Uhr ein – wie nostalgisch! – *bal musette* (altfranzösischer Tanz mit Akkordeon) veranstaltet. *Eintritt frei, Konzerte 5 Euro | Do, So 17–2, Fr, Sa 17–5 Uhr (letzter Einlass 1.30 Uhr) | 64, rue Jean-Pierre-Timbaud | Tel. 01 43 55 42 50 | www.alimentation-generale.net | M3: Parmentier | 10. Arr.*

BATOFAR **[158 C3]**

Ein außergewöhnlicher Ort für einen zu Recht sehr beliebten Club: Er befindet sich auf einem großen Schiff, das am Ufer der Seine vertäut und 2009 restauriert wurde. Das Restaurant (mit Strandterrasse) ist eher zur Mittagszeit bezahlbar (ab 19 Euro).

Insider Tipp

CLEVER!

> An der Seine in die Nacht tanzen

Kann es etwas romantischeres geben, als an einem milden Sommerabend am Ufer der Seine zu tanzen, während beleuchtete Schiffe auf dem Wasser vorübergleiten? Das Gratisvergnügen begeistert alte und junge Pariser gleichermaßen. Ob Salsa, Tango, Rock 'n' Roll oder Swing, alles ist geboten – und sobald die Musikanlagen angeschlossen sind, geht's auch schon los. Tanzen Sie mit! Oder lassen Sie sich in einem der drei kleinen Amphitheater am Ufer des Flusses nieder und schauen Sie wahren Könnern dabei zu, wie Sie den Dreh raushaben. Eine Variante für Nichttänzer: Schließen Sie sich einem der spontanen Gratiskurse von erfahrenen Tanzlehrern an. Ob Sie nun als Paar oder mit der Familie kommen, dieser Abend wird Ihnen als einmaliges Paris-Erlebnis in Erinnerung bleiben! *Kostenlos | Mai–Sept. (je nach Witterung) Mo–Fr ab 19, Sa, So ab 17 Uhr | quai Saint-Bernard | M7, 10: Jussieu | 5. Arr.* **[151 F5]**

Abends gibt's dann Rock und Elektro und montags oft Jazz. Der normale Eintritt für den aus dem üblichen Rahmen fallenden Club ist mit 8 bis 12 Euro erschwinglich, die Konzerte kosten ab 13 Euro oder manchmal sogar keinen Eintritt. *11, quai François-Mauriac | Tel. 01 53 60 17 30 | www.batofar.org | M6: Quai de la Gare | 13. Arr.*

FAVELA CHIC **[146 B4]**

Dieser Laden boomt schon seit Jahren, ist aber bei Paris-Touristen eher weniger bekannt. Vielleicht liegt es daran, dass der Club im Hinterhof liegt. Nicht nur die Wände sind peppig mit südamerikanischen Kitsch verziert. An den langen Tischen, die eher an eine Kantine erinnern, gibt es außerdem köstliche brasilianische Küche ab 16 Euro, falls Sie Lust auf exotische Gerichte wie *feijoada* (Eintopf aus schwarzen Bohnen) oder *moqueca* (Fischeintopf) bekommen.

Nach dem Essen werden die Tische zur Seite geräumt, damit die DJs mit ihrem abendlichen Werk beginnen können und den Laden mit heißen Rhythmen zum Beben bringen. Besonders am Wochenende ist immer große Party angesagt. Und auch wenn Fasching in Paris kaum noch eine Rolle spielt, ist es doch eine Verpflichtung gegenüber dem brasilianischen Karneval, am Fachingsdienstag *(mardi gras)* verkleidet hierher zu kommen. Dann geht's entsprechend heiß her! Eintritt frei heißt es übrigens auch bei vielen der Konzerte. *Di–Do Eintritt frei, Fr, Sa 10 Euro (inklusive Getränkegutschein) | Di–Do 19.30–2, Fr, Sa 19.30–4 Uhr | 18, rue du Faubourg du Temple | Tel. 01 40 21 38 14 | www.favelachic.com | M3, 5, 8, 9: Republique | 11. Arr.*

LA FLÈCHE D´OR **[161 D3]**

Der ehemalige Bahnhof der Linie Paris-Calais gilt seit den Neunzigern als echter Szenetreff. Kunststudenten haben ihn eindrucksvoll gestaltet, täglich werden Konzerte und Kleinkunsttheater angeboten – mehr als 3000 Künstler soll die Bühne seit Eröffnung des Clubs schon gesehen haben. Bar und Clubbing gehören natürlich auch dazu, wenn man sich dort bis zur Morgendämmerung die Zeit vertreibt. *Eintritt frei oder unter 10 Euro | Mo–Do 20–2, Fr, Sa 20–6 Uhr | 102, bis rue de Bagnolet | Tel. 01 43 72 42 44 | www.flechedor.fr | M2: Alexandre Dumas | 20. Arr.*

Insider Tipp

LA BELLEVILLOISE [147 E4]

In der äußerst populären, 2000 m² großen Kulturhalle im Osten von Paris finden auf den verschiedensten Ebenen Ausstellungen, Gratiskonzerte, Disko-Abende und Ähnliches statt. Die vielen Pflanzen im Café *(Brunch am Sonntagmorgen samt Jazz-Live-Konzert für preisgünstige 29 Euro)* und Restaurant *(Hauptgericht ab 15 Euro)* sowie die Aussichtsterrasse im Sommer lassen die Halle, die bereits 1877 durch die Pariser Kommune gegründet worden ist, zu einem Ort bleibender Erinnerungen werden – und dies alles zu moderaten Preisen.

Noch immer sehr lebendig: Das La Bellevilloise ist mehr als 130 Jahre alt

Eintritt frei, Konzerte frei oder ab 10 Euro | Mi–Fr 17.30–2, Sa 11–2, So 11–24 Uhr | 19–21, rue Boyer | Tel. 01 46 36 07 07 www.labellevilloise.com | M2: Menilmontant | 20. Arr.

LA DAME DE CANTON **[158 C3]**

Origineller geht's kaum: Eine echte chinesische Dschunke, die auf der Seine in der Nähe der Nationalbibliothek angelegt hat, bietet den Rahmen für Konzerte und denkwürdige Clubabende! Die häufigen Live-Auftritte im Programm bieten ein breites Musikspektrum von Chanson über Salsa und Jazz bis hin zu Rock. Besonders am Wochenende legen DJs auf, Erfrischungen gibt's auch an der Strandbar. Konzerte oft ab 5 Euro, manchmal sogar gratis! *Di–Do 19–2, Fr–Mo 19–6 Uhr | 11, quai François-Mauriac | Tel. 01 44 06 96 45 | www.damedecanton.com | M6: Quai-de-la-Gare | 13. Arr.*

OPA **[152 B4]**

In diesen großflächigen Backsteinhallen, bestehend aus zwei Lofts, zwei Bars und einem *fumoir* (Raucherraum) geht's ab bei Rock-, Funk- und House-Music. Gratiskonzerte gibt es jeweils mittwoch- und don-

CLEVER!

> Dos & Don'ts im Pariser Nachtleben

Das Pariser Nachtleben ist in den letzten Jahren vielen Restriktionen unterworfen, darunter vor allem auch ein strenger Lärmschutz. Was Sie sonst noch bachten sollten: Cafés und Bars schließen normalerweise zwischen 1 und 2 Uhr, dann fährt in der Regel auch die letzte Metro. Trotzdem variieren die individuellen Öffnungszeiten sehr. Verschärft haben sich die Gesetze auch, was Alkohol und Zigaretten betrifft. An Jugendliche unter 18 Jahren darf kein Bier und Wein ausgeschenkt werden, das Rauchverbot gilt in allen Lokalen. Seitdem sind nachts und den ganzen Winter über für die Raucher Wärmepilze auf den Terrassen der Lokale in Betrieb. Manche Lokalbesitzer haben aber – nicht zuletzt wegen der Anwohnerproteste – auch auf den Freiluft-Spots ein Rauchverbot angeordnet – und das im Heimatland der Gauloise!

nerstagabends. Freitags und samstags ist zwischen Mitternacht und 6 Uhr Clubbing angesagt. Eintritte in Bar, Club und Konzertraum sind kostenlos. Insider Tipp Zur Happy Hour *(19.30–20.30, Fr bis 21 Uhr)* bekommen Sie übrigens Bier, Wein und Aperitif für nur 3 Euro! *Eintritt frei | Di–So 20–2, Fr, Sa 21–6 Uhr | 9, rue Biscornet | www.opa-paris.com | M1, 5, 8: Bastille | 12. Arr.*

POINT ÉPHÉMÈRE **[146 A2]**
Kultur aller Art wird in dieser ehemaligen Lagerhalle am Canal Saint-Martin großgeschrieben. Tanzvorführungen, Ausstellungen, Bars, ein Restaurant *(dreigängiges Menü für 13,50 Euro)*, ein Konzertsaal mit über 300 Plätzen und vieles mehr machen diesen Ort zu einem multiaktiven Anziehungspunkt. Auf der Terrasse können Sie sich eine Halbe Bier für 2,50 Euro gönnen. Bei besonderen Konzerten kosten die Tickets um 15 Euro. *Eintritt frei | Mo–Sa 12–2, So 13–21 Uhr | 200, quai de Valmy | M7: Jaurès | 10. Arr.*

POP IN **[152 B1]**
Anziehungspunkt für junge Rock-, Pop- und Folkfans, da es neben der Bar *(Bier ab 2,30 Euro)* im Erdgeschoss auch einen Konzertkeller gibt, in dem zwei Drittel der Konzerte gratis sind. Auch freitags und samstags, wenn DJs auflegen, ist der Laden gesteckt voll.

Neuerdings gibt es hier sogar Secondhand-Verkäufe rund um das Thema Rock-Pop der 1950er-, 1960er- und 1980er-Jahre. Dann können Sie von Kleidung über verschiedene Accessoires bis hin zu Schallplatten alles mögliche preisgünstig erwerben. *Tgl 18.30–1.30 Uhr | 105, rue Amelot | Tel. 01 48 05 56 11 | www.popin.fr | M8: Saint-Sébastien-Froissart | 11. Arr.*

REX-CLUB **[145 D3]**
Insider Tipp In Sachen Techno-Party ist diese Adresse die Nummer 1 im Pariser Nachtleben. DJ Laurant Garnier hat hier in den 1990er-Jahren Techno in der Seine-Metropole hoffähig gemacht. Heute wird von den internationalen DJs auch Electro und Latin in der 400 m² großen Halle aufgelegt. Reserviert man am Vortag auf der Website, zahlt man nur 10 statt 15 Euro Eintritt. Am günstigsten wird's am Donnerstag, dann ist der Eintritt nämlich immer frei! Mit den Geträn-

ken sollten Sie allerdings lieber haushalten, das Bier kostet stolze 8 Euro! *Do freier Eintritt | tgl. 23 Uhr bis zur Morgendämmerung | 5, boulevard Poissonière | Tel. 01 42 36 10 96 | www.rexclub.com | M8, 9: Bonne Nouvelle | 2. Arr.*

JAZZKELLER

CAVEAU DE LA HUCHETTE [151 D3]

Insider Tipp

Schon das mittelalterliche Gewölbe dieses bekannten Jazzkellers ist sehenswert. Es wirkt umso beeindruckender, wenn man sich vorstellt, dass sich in diesem uralten Gemäuer vor Jahrhunderte schon die Tempelritter trafen. Internationale Jazzmusiker geben hier bei häufig wechselndem Programm und fairen Preisen den Ton an. *Eintritt 12 Euro, Fr, Sa 14 Euro, Studententarif 10 Euro (Getränk 5 Euro) | tgl. 21.30–2.30, Fr, Sa bis 4 Uhr, ab 2 Uhr gratis | 5, rue de la Huchette | Tel. 01 43 26 65 05 | www.caveaudelahuchette.fr | M4: Saint-Michel | 5. Arr.*

SUNSET-SUNSIDE [151 E2]

Der Name deutet es bereits an: Das Sunset-Sunside besteht aus zwei Clubs, der eine dem Electric Jazz und der Weltmusik verpflichtet, der andere dem Acoustic Jazz. Zusammen gelten sie als *der* Jazztempel mitten im Zentrum. Im Gewölbekeller des Sunset – das Sunside kam erst 2001 nach Auflösung des Restaurants hinzu – waren bereits Größen wie Miles Davis, Herbie Hancock oder Wynton Marsalis zu Gast.

Insider Tipp

Sonntags und Dienstags gibt es oft Gratiskonzerte, dann heißt es allerdings, sich am Eingang in die lange Schlange der Gäste einzureihen. Auf der Website finden sich nicht nur die Programme der kommenden Wochen für beide Clubs, sondern auch die Vergünstigungen (bis zu 50 Prozent), die man bei einer Online-Buchung der Tickets erwarten kann. *Tgl. 18–3 Uhr | 60, rue des Lombards | Tel. 01 40 26 46 60 | www.sunset-sunside.com | M1, 4, 7, 14, RER A, B, C: Châtelet | 1. Arr.*

PARIS AUTHENTISCH

LE CYRANO [136 A5]

Goldene Mosaiken, Wandmalereien und Spiegel zeugen von der Zeit, als Victor Hugo, der weltberühmte Schriftsteller und Publizist, noch hier saß. Er war allerdings nicht die einzige Berühmtheit, die in der Café-Bar im Lauf ihrer Geschichte ein-

Bild: So und nicht anders muss eine Jazz-Institution aussehen – das Sunset-Sunside

NACHTLEBEN

JAZZ
Le 20h du SUNSET
Jazz et goûter
Come In
WE'RE
OPEN
CONCERT
TRIBAL MUSETTE
lockwood
Louis

und ausgingen: Man Ray, Max Ernst, Dalí und viele andere bekannte Zeitgenossen entspannten sich in der locker-anregenden Atmosphäre. Dies ist besonders beim fast allabendlich stattfindenden Gratis-Apero-Jazz auf dem Piano in der Ecke der Fall! Die üppig belegten warmen Baguettes für 5,90 Euro sind ein Markenzeichen und ersetzen locker eine ganze Mahlzeit. *Mo–Fr 9–2, Sa, So 16–2 Uhr | 3, rue Biot | Tel. 01 45 22 53 34 | www.lecyranoparis.com | M2: Place-de-Clichy | 17. Arr.*

LE VIEUX BELLEVILLE **[147 D–E3]**

Nicht weit vom Parc de Belleville entfernt liegt dieses Lokal mit schönem Ausblick, in das sich kaum Touristen verirren. An den Abenden, an denen das einfache, aber gute Restaurant traditionelle französische Küche *(Hauptgang rund 12 Euro)* serviert, gibt es kostenlose Konzerte nach dem Essen. Es werden Insider Tipp alte französische Chansons dargeboten, nach einer Weile singt der der ganze Saal mit, und zwar alle anwesenden Generationen. Das ist durchaus beabsichtigt, denn vor dem Auftritt werden die Liedtexte ausgeteilt. Hier können Sie also nicht nur Ihre Französischkenntnisse auffrischen, sondern auch authentische Stimmung mit den Locals aus dem Viertel erleben! Reservierung ist zu empfehlen. *Mo–Sa 11–15, Do–Sa auch 19–2 Uhr | 12, rue Envierges | Tel. 01 44 62 92 66 | www.le-vieux-belleville.com | M11: Pyrénées | 20. Arr.*

LE LIMONAIRE **[145 D3]**

In einer kleinen Gasse in der Nähe der Grands Boulevards befindet sich diese winzige Mischung aus Bar und Restaurant. Nachdem man erst einmal die bodenständige französische Küche mit großzügigen Portionen und moderaten Preisen *(Vorspeise 4,50 Euro, Hauptspeise 9 Euro)* genossen hat, wird es ab 22 Uhr wirklich interessant: Junge Talente geben ihr Können in den Bereichen Kabarett, Musik und Chanson zum Besten. Die Atmosphäre ist wie in einem Wohnzimmer, zumal sich hierher kaum Touristen verirren. Man muss übrigens nicht unbedingt etwas essen und kann auch nur ein Glas Wein bestellen. *Eintritt frei, nach den Auftritten wird ein Hut herumgereicht | tgl. 19-1 Uhr | 18, cité Bergére | Tel. 01 45 23 33 33 | http://limonaire.free.fr | M8, 9: Grands Boulevards | 9. Arr.*

CLEVER!

> *Paris by night: etablierte In-Viertel, neue Hotspots*

In einer Stadt wie Paris sind sogenannte In-Viertel oft sehr kurzlebig und es ist bei der Entwicklung fast immer dasselbe Phänomen zu erleben: Erst wohnen einfache Leute in den Vierteln, wegen des günstigen Mietspiegels gesellen sich Studenten und Künstler dazu. Ab jetzt werden diese Orte attraktiv für die ganze Stadt: Bars schießen wie Pilze aus dem Boden, bis sie sich wegen zunehmender Nachfrage verteuern und die Künstler und Studenten wieder abziehen. So hat sich *Saint-Germain-des-Prés*, die Hochburg der Szene der 1960er, längst zum Touristenviertel mit teilweise viel Nepp entwickelt. Trotzdem lässt sich dort das nostalgische Flair erahnen, trotzdem finden Sie noch interessante Jazzkeller *(Caveau de la Huchette, S. 94)* und trotzdem gibt es dort noch nette Studentenkneipen, schließlich ist die Universität Sorbonne auch nicht weitergewandert.

Eine ähnliche Entwicklung hat die Gegend um den *Montmartre* erlebt, die mit dem Kabarett Moulin Rouge schon Ende des 19. Jhs. ihren Aufstieg nahm. Während am Fuß des Berges, am boulevard de Clichy, mit abblätternder Verruchtheit Geschäft gemacht wird – nette Cafés wie das *Le Cyrano (S. 94)* ausgenommen –, existiert der Charme des Künstlerviertels noch immer, zu überteuerten Preisen natürlich. Aber der Ausblick von den Treppen von Sacré Coeur bleibt nun mal fantastisch und das Straßenmusikerprogramm bunt und witzig! Die *Champs-Élysées* und die *Gegend um den place de la Concorde* ist eigentlich nur Touristen mit gut gefüllten Geldbeutel anzuraten. Wer sich mehr unter französisches und jüngeres Publikum begeben will, sollte sich östlich orientieren: Das *Marais* ist mittlerweile recht edel und dementsprechend teuer geworden. Es ist aber immer noch lebendig, und besonders schwule Paris-Besucher werden sich in die Gegend um die *rue Verriere* begeben wollen. Noch weiter östlich, in der *Gegend um die Bastille*, tobt besonders in der *rue de Lappe* das Leben: Ausgehzeit ist hier zwischen 22 Uhr und Morgengrauen. In den in der Nähe liegenden Lofts, die früher Werkstätten waren, haben sich sogenannte „Neue Kreative“ niedergelassen.

> Hostels in Prachtvillen, teure Hotels mit flexiblen Rabatten: Pariser Nächte müssen nicht teuer sein

26 Mio. Touristen besuchen Paris im Jahr – ein gefundenes Fressen für die Hotels, ein 3-Sterne-Zimmer kann pro Nacht schnell stolze 190 Euro kosten. Doch das muss nicht sein, es gibt Alternativen: Mieten Sie zum Beispiel Ferien- oder Privatwohnungen und versorgen Sie sich selbst. Auch die Jugendherbergen sind in Paris nicht selten in wunderschönen, alten Palais untergebracht, liegen sehr zentral und bieten auch Doppelzimmer. Ähnlich sieht es bei den Hostels aus, wo die Nächte im Mehrbettzimmer schon ab 30 Euro zu haben sind. Sie möchten ein eigenes Zimmer mit eigenem Bad? Auch hier gibt es Schnäppchen zwischen 55 und 90 Euro in hübschen Häusern, die sich durchaus gepflegt präsentieren. Da in Paris eine sehr flexible Preispolitik herrscht, können Sie je nach Saison selbst in Spitzenhäusern attraktive Rabatte ergattern, am besten über Buchungsmaschinen im Internet – aber selbst Handeln kann erfolgreich sein. Als Faustregel gilt, dass der Pariser Westen und das Zentrum teurer sind als der Osten und der Stadtrand. Eine zentrale Lage ist aber zu empfehlen, da lange Metro- und RER-Fahrten wertvolle Urlaubszeit und Geld kosten. Auch fahren die Bahnen nur bis 1 Uhr in die Außenbezirke.

SCHLAFEN

FERIENWOHNUINGEN

Ferienwohnungen sind nicht nur am Meer oder in den Bergen eine Alternative. Auch in Metropolen wie Paris machen Sie den Urlaub günstiger: Die Übernachtung kostet weniger, außerdem können Sie in den „eigenen" vier Wänden selber kochen statt immer teuer essen gehen zu müssen. Wenn keine großen Vermittlungsagenturen dahinter stecken, schonen Sie zusätzlich Ihre Urlaubskasse.

APARTEMENT IM MONTORGUEIL-VIERTEL [145 E4]

Praktische 20-m²-Wohnung in zentralster Lage. Sogar eine Waschmaschine ist vorhanden, da das Apartment auch über längere Zeit gemietet werden kann. Aus diesem Grund sollten Sie auch lange Zeit im Voraus buchen! Der Preis für die Wohnung mit ausziehbarer Doppelcouch beträgt 68 Euro pro Nacht. Wenn Sie eine Woche mieten, sind es nur 390 Euro, bleiben Sie noch länger, reduziert sich der Tarif sukzessive. *www.christoph-grandt.com/paris_zimmer.html | M8, 9: Bonne Nouvelle | 2. Arr.*

WOHNUNG AM MONTMARTRE: PERLEA [136–137 C–D4

Die deutsche Besitzerin hat sich hier in Sachen Raumgestaltung als wahre Künstlerin gezeigt. Es ist kaum zu glauben, dass die Wohnung, die sich in ruhiger Lage zwischen einer Kunstgalerie und einem begrünten Hof befindet, nur 13 m² groß sein soll, so modisch- frisch, geschmackvoll und funktionell ist sie gestaltet. Und das auch noch hier, am Montmartre, in romantischster Lage! Der Wochenpreis für zwei Personen beträgt 390 Euro. *www.parisrental.zweipage.de | M12: Jules-Joffrin | 18. Arr.*

HOTELS

HÔTEL BOILEAU [160 C3]

Gepflegtes Hotel im eleganten 16. Arrondissement. Die Zimmer sind alle gediegen eingerichtet, besonders besticht auch der lichtdurchflutete Frühstücksraum, dessen großflächige Fenster den Blick auf das üppige Grün des Gartens freigeben. Der ideale Start in den Tag! Bei einer Buchung von mindestens drei Nächten finden Sie hier schon Doppelzimmer ab 85 Euro. *31 Zi. | 81, rue Boileau | Tel. 01 42 88 83 74 | www.hotel-boileau.com | M9: Exelmans | 16. Arr.*

HÔTEL DE LA HERSE D´OR [152 B3]

Nachts bis in die Puppen abtanzen und nach wenigen Schritte gleich ins Bett fallen: Es hat durchaus seinen Wert, auf umständliche Nachtbuslinien verzichten zu können! In diesem Hotel ist das möglich, da es mitten im Amüsierviertel Bastille liegt. Einfach aber liebevoll in der Farbgebung eingerichtet, weisen zwar manche Zimmer auf die belebte Straße, die Hälfte der Räume aber hat Gartenblick. Sollten Sie online reservieren, wird's günstiger: Doppelzimmer (nur mit Waschbecken) für 69 Euro, mit Dusche 89 Euro. *31 Zi. | 20, rue Saint-Antoine | Tel. 01 48 87 84 09 | www.parishotelherseor.com | M1, 5, 8: Bastille | 4. Arr.*

HÔTEL DE NESLE [150 C3]

Ein verwunschener Garten, Zimmer, die Theaterkulissen gleichen, und ein Eingangsbereich wie im Hexenhäuschen. Dies ist ein Hotel, das man nicht beschreiben, sondern nur erleben kann. So gibt es Räume mit Ethno-Themen, in denen alles genau aufeinander abgestimmt ist, oder welche, die von Molière-Stücken inspiriert sind. Wenn Sie Glück haben, bekommen Sie sogar das Zimmer mit Hamam – und das mitten in Saint-Germain-des-Près! *20 Zi. | Doppelzimmer ab 75 Euro | 7, rue de Nesle | Tel. 01 43 54 62 41 | www.hoteldenesle.com | M4, 10: Odéon | 6. Arr.*

HÔTEL DE PARIS [139 E4]

In der Nähe des Parc des Buttes-Chaumont gelegenes, neues Hotel mit einfachen, aber gepflegten Zimmern. Vom Park aus haben Sie einen wunderbaren Blick über Paris und es wird Ihnen trotz der weniger zentralen Lage nicht an Cafés und Restaurants in der Umgebung fehlen. Dass die Zimmer wirklich sauber sind, kann man in dieser Kategorie in Paris nicht immer erwarten. *44 Zi. | Doppelzimmer mit Waschbecken 55 Euro, mit Dusche 65 Euro | 188, av. Jean-Jaurès | Tel. 01 42 39 41 37 | www.hotel-de-paris.org | M5: Porte de Pantin | 19. Arr.*

HÔTEL JARDIN DE VILLIERS **[135 E5]**
Charmantes kleines 3-Sterne-Hotel mit herrlichem Innengarten, in dem Hortensien und Rosen blühen. Das Frühstücksbüfett wird im urigen Gewölbekeller eingenommen, aber auch ins Zimmer oder in den Garten serviert. Das Hotel ist eine echte Entspannungsoase vom Großstadtstress, dabei liegt es in der Nähe des eleganten Parc Monceau und damit nur etwa 7-Metro-Minuten von der Opéra Garnier entfernt. Bei einer Buchung von einzeln Tagen ist die

So kann man sich die Schnäppchen-Übernachtung gefallen lassen: Hôtel Boileau

schöne Herberge zwar preislich etwas gehobener, bleiben Sie aber drei Nächte, kostet das Doppelzimmer nur 104 Euro inklusive Frühstück! *26 Zimmer | 18, rue Claude Poulillet | Tel. 01 42 67 15 60 | www.jardindevilliers.com | M2, 3: Villiers | 17. Arr.*

HÔTEL DU CYGNE **[151 E1]**

Mitten im Herzen von Paris, zwischen Centre Pompidou und Châtelet, liegt dieses kleine, familienbetriebene und für die Lage äußerst günstige *hôtel de charme*. Die Einrichtung wurde perfekt und mit viel Fingerspitzengefühl in die alten Holzbalken des mittelalterlichen Gebäudes eingefügt, was der Herberge den netten Charakter einer Puppenstube verleiht. Auf einen Lift müssen Sie allerdings verzichten. Wenn Sie hier ein Zimmer per Internet buchen, können Sie mit deutlichen Rabatten rechnen! *20 Zi. | Doppelzimmer (bei Internetbuchung) ab 90 Euro | 3, rue du Cygne | Tel. 01 42 60 14 16 | www.cygne-hotel-paris.com | M4: Etienne Marcel | 1. Arr.*

Insider Tipp **ELDORADO** **[136 A5]**

Hier müssen Sie schnell sein – und Glück haben. Aber wenn Sie es geschafft haben, in diesem Hotel ein Zimmer zu bekommen, dann wohnen Sie fantastisch am Fuß des Montmartre. Die Herberge punktet mit ihrer liebevoll-witzigen Einrichtung im Ethno-Stil, zum Hotel gehört außerdem die sehr beliebte Weinbar Le Bistrot des Dames mit einem wunderschön begrünten Innenhof. *39 Zi. | Doppelzimmer 73–82 Euro | 18, rue des Dames | Tel. 01 45 22 35 21 | www.eldoradohotel.fr | M2, 13: place de Clichy | 17. Arr*

HÔTEL HENRI IV **[151 D2]**

Das etwas einfachere Hotel liegt an einem der schönsten kleinen Plätze von Paris auf der Île de la Cité! Wenn Sie im Zimmer im 5. Stock mit Blick auf die benachbarten Türme von Notre Dame wohnen möchten, müssen Sie sich auf den fehlenden Aufzug einstellen. Bei einem Preis von 59 Euro (Doppelzimmer mit Dusche und WC) ist das Frühstück inklusive. *15 Zi. | 25, place Dauphine | www.henri4hotel.fr | Tel. 01 43 54 44 53 | M4: Pont Neuf | 1. Arr.*

HÔTEL PALACE **[145 F4]**

Nun, ein Palast ist diese Hotel nicht wirklich. Dennoch bietet es eine annehmbare Bleibe – und was will man schon verlangen bei diesem nicht nur für die Seine-Metropole ausgesprochen niedrigen Tarif: Das Einzelzimmer ist tatsächlich schon für 20 Euro zu haben! Wenn Sie sich abends viel im Ausgehviertel um die Metro-Station Republique tummeln möchten und das Zimmer eher als Schlafplatz ansehen, dann können Sie mit diesem unschlagbaren Angebot gut leben. *30 Zi. | Doppelzimmer mit Waschbecken 30 Euro; mit Dusche und WC 43 Euro, Frühstück 4 Euro | 9, rue Bouchardon | Tel. 01 40 40 09 45 | www.palace-hotel.fr | M8, 9: Strasbourg-Saint-Denis | 10. Arr.*

HÔTEL SAINTE-MARIE [145 E4]

Das einfache 1-Sterne-Hotel mit seinem dem Preis entsprechendem Basisstandard liegt ziemlich zentral in der Nähe der Grands Boulevards. Trotzdem ist die Straße im Herzen des Sentier-Viertels relativ ruhig, außerdem werden Sie hier von freundlichem Personal begrüßt. *20 Zi. | Doppelzimmer mit Waschbecken 50 Euro; mit Dusche ab 58 Euro | 6, rue de la Ville-Neuve | Tel. 01 42 33 21 61 | www.hotelsaintemarieparis.com | M8, 9: Bonne-Nouvelle | 2. Arr.*

HÔTEL TIQUETONNE [145 E5]

Eines der wohl günstigsten Hotels der Stadt. Trotz der äußerst zentralen Lage ist aber nächtliche Erholung garantiert – weil es im Hof und in der Fußgängerzone schön ruhig ist. Ein einfaches Zimmer mit Waschbecken gibt es hier schon ab 40 Euro. Die Dusche auf dem Gang und das Frühstück werden mit jeweils 5 Euro extra berechnet. Auch wenn das Hotel immerhin 46 Zimmer aufweist, sollten Sie bei diesem Angebot möglichst frühzeitig reservieren. *6, rue Tiquetonne | Tel. 01 42 36 94 58 | M4: Etienne-Marcel | 2. Arr.*

FAMILIA HÔTEL [151 E5]

Das pittoreske 2-Sterne-Haus liegt mitten im Herzen des Quartier Latin. Alle Zimmer sind sorgfältig mit Wandmalereien dekoriert und mit antik stilisierten Möbel ausgestattet. Der helle, mit Tapisserie versehene Frühstücksraum sowie eine kleine Bibliothek runden den wohligen Charme des mittelalterlichen Gebäudes ab. Es gibt fünf Zimmer mit Blick auf die Dächer der nahegelegenen Kathedrale Notre Dame. *30 Zi. | Doppelzimmer mit Dusche und WC ab 107 Euro | 11, rue des Ecoles | Tel.*

01 43 54 55 27 | www.hotel-paris-familia.com | M1: Cardinal Lemoine | 5. Arr.

LUX HÔTEL PICPUS **[153 F5]**

Dieses auffallend gut in Schuss gehaltene Haus im Osten der Stadt ist der ideale Ausgangspunkt, um sich ins Nachtleben im Oberkampfviertel zu stürzen. Außerdem gibt es in der 6. Etage auch ein Familienzimmer für bis zu 4 Personen. Für französische Verhältnisse wird ein außergewöhnlich üppiges Frühstücksbüfett für 8 Euro angeboten. Da müssen Sie tagsüber nur einen Snack einplanen! Ganz in der Nähe liegt übrigens das Disneyland Resort Paris, falls der Vergnügungspark auf der Liste Ihrer Unternehmungen steht. *38 Zi. | Doppelzimmer ab 55 Euro, Familienzimmer 80 Euro | 74, boulevard de Picpus | Tel. 01 43 43 08 46 | www.parisluxhotel.com | M6: Picpus | 12. Arr.*

Insider Tipp

LE RELAIS DU MARAIS **[145 F4–5]**

Liebevoll eingerichtetes Zwei-Sterne-Hotel zwischen Centre Pompidou und place des Vosges, das manchmal schon Sonderpreise von 80 Euro pro Doppelzimmer im Angebot hat. Die 38 Zimmer sind 2001

komplett renoviert worden und mit WLAN und Klimaanlage ausgestattet. Bemerkenswert ist auch das reichhaltige Frühstücksbüfett. *Dop-*

Funktional, aber günstig und sehr zentral gelegen: das L'Ouest Hôtel

pelzimmer ab 80 Euro | 76, rue de Turbigo | Tel. 01 42 72 78 88 | www.hotel-relais-du-marais.com | M3, 11: Arts et Métiers | 3. Arr.

L´OUEST-HÔTEL **[144 A2]**

Funktional-gediegenes 2-Sterne-Haus mit den für Paris in dieser Kategorie üblichen kleinen Zimmern. Einziges

Manko für Empfindliche: der Umgebungslärm durch das benachbarte Restaurant. Wer sich aber durch so etwas nicht stören lässt, ist in dem sehr zentral am Bahnhof Gare Saint-Lazare gelegenen Hotel gut aufgehoben. *41 Zi. | Doppelzimmer mit Dusche ab 85 Euro | 3, rue du Rocher | Tel. 01 43 87 57 49 | www.ouest-hotel-paris.com | M9, 12, 13, 14: Saint Lazare | 8. Arr.*

NADAUD HÔTEL **[147 F5]**

Das ordentlich geführte, einfache Hotel wurde erst vor kurzem sorgfältig renoviert. Es befindet sich in einer ruhigeren Gegend in der Nähe des berühmten Friedhofs Père Lachaise. Reservieren Sie ein Zimmer in der 5. oder 6. Etage, denn von dort aus haben Sie einen schönen Blick über die Dächer von Paris, auf Sacré-Coeur oder den Eiffelturm. *23 Zi. | Doppel-*

Insider Tipp

CLEVER!

> Zu Gast in Pariser Haushalten

Keine Lust auf einen Hotelaufenthalt? Es gibt Alternativen, mieten Sie etwa eine Privatwohnung und geben Sie sich selbst das Gefühl, an der Seine nicht nur zu Gast zu sein, sondern in Paris zu leben. Auf dem Internetportal *www.airbnb.com* finden Sie zu Paris die stolze Zahl von insgesamt 1400 Wohnungen zwischen 40 und 240 Euro pro Nacht. Auf den Seiten werden genaue Angaben zu Ausstattung (z.B. mit Waschmaschine) und Lage gemacht. Auch geben oft eine Reihe von Bildern eine guten Eindruck von den Räumen wieder. Um sich noch sicherer bei der Auswahl zu fühlen, ist es auch hilfreich, die Kommentare von Reisenden zu lesen, die schon in diesen Wohnungen ihren Urlaub verbracht haben.

Sie würden gerne Pariser kennenlernen? Dann buchen Sie doch einfach ein Zimmer in einem Bed & Breakfast. Auch hier empfiehlt es sich, im Internet nach dem passenden Zimmer in einem ansprechenden Haus oder dem gewünschten Viertel zu suchen. Interessante Website sind z. B. *www.bed-and-breakfast-in-paris.com, www2binparis.com, www.francelodge.fr, www.goodmorningparis.fr* oder *www.chambreville.com*. Zertifiziert sind diese Seiten durch das Label „Authentic B&B".

zimmer mit Waschbecken 56 Euro, mit Dusche 66 Euro | 8, rue de la Bidassoa | Tel. 01 46 36 87 79 | nadaud hotel@hotmail.fr | M3: Gambetta | 20. Arr.

OOPS HOSTEL **[157 E3]**

Oops! Über diese Herberge sollte man wirklich stolpern: Zu Recht definiert sich dieses Haus sowohl als Budget- als auch als Designhotel – zwei Aspekte, die sich zumindest in diesem Fall nicht widersprechen. Zudem ist die Lage, nur zehn Minuten von der beliebten rue Mouf- fetard entfernt, tatsächlich ideal. Das Hotel hat mehr als 30 Zimmer mit insgesamt 100 Betten, im Angebot sind auch einige Schlafsäle mit bis zu 6 Betten. *Schlafsaal ab 26 Euro, Doppelzimmer ab 70 Euro | 50, avenue des Gobelins | Tel. 01 47 07 47 00 | www.oops-paris.com | M7: Les Gobelins | 13. Arr.*

SOLAR HÔTEL **[156 B3]**

Eines der wenigen Hotel in Paris, das ökologisch ausgerichtet ist. Im netten kleinen Garten kann sowohl das Bio-Frühstück eingenommen als auch mitgebrachtes Mittagessen verzehrt werden. Dank der familiären Atmosphäre werden Sie sich hier sofort heimisch fühlen. Computer mit Internetanschluss sowie Fahrräder stehen zur freien Verfügung. Die Übernachtung im Doppelzimmer kostet inklusive Frühstück 59 Euro pro Nacht. *43 Zi. | 22, rue Boulard Tel. 01 43 21 08 20 | www.solarhotel.fr | M4, RER B: Denfert-Rochereau | 14. Arr.*

HOTEL-KETTEN

Auch wenn die einzelnen Häuser oft einen etwas sterilen Eindruck erwecken, bieten Hotelketten doch einen verlässlichen und hohen Standard. Aufgrund der besonderen Preispolitik gibt es oft Wochenend-Specials und ähnliche attraktiv Rabatte.

IBIS PARIS BERTHIER PORTE DE CLICHY **[135 F3]**

Von den rund 40 Häusern der Ibis-Kette bietet dieses Hotel am Parc Clichy Batignolles viel Leistung für wenig Geld. Sie sind hier – gerade im Low-Budget-Bereich – vor unliebsamen Überraschungen gefeit. Das riesige 688-Zimmer-Haus bietet drei Restaurants, eine Bar und ein Fitnesscenter mit Schwimmbad und Sauna. Wenn Sie geschickt planen, können

Sie hier schon ein Doppelzimmer für 71 Euro die Nacht bekommen. Noch günstiger wird es, wenn Sie ein anderes Hotel der Kette an der Peripherie von Paris wählen – mit dem Nachteil, auf Bahn, Metro oder Taxi angewiesen zu sein. Infos über die Häuser auf der Homepage. *Doppelzimmer ab 71 Euro | 163, bis avenue de Clichy | Tel. 01 40 25 20 20 | www.ibishotel.com | M13: Brochant | 17. Arr.*

TIMHOTEL PLACE D ITALIE – BUTTE AUX CAILLES [157 E5]

Auch diese Hotelkette wird in Paris sehr gern in Anspruch genommen. Besonderen Genuss bietet der gute Standard, wenn Sie drei Wochen im Voraus buchen und mindestens drei Tage bleiben. Denn dann erhalten Sie enorme Preisnachlässe, bei denen Sie gepflegte Doppelzimmer ab ungefähr 80 Euro inklusive reichhaltigem Frühstücksbüfett erhalten.

Das nahegelegene Amüsierviertel Butte aux Cailles sowie der Parc Monceau werten das nicht sonderlich zentral gelegene Hotel noch einmal auf. *77 Zi. | Doppelzimmer ab 80 Euro | 22, rue Barrault | Tel. 01 45 80 67 67 | www.timhotel.fr | M5, 6, 7: Place d'Italie | 13. Arr.*

JUGENDHERBERGEN & HOSTELS

AUBERGE DE JEUNESSE ADVENIAT [143 D4–5]

Am freundlichen Empfang wird darauf hingewiesen, dass es sich hier nicht um ein Hotel handelt – es fällt allerdings schwer, das zu glauben! Besonders, wenn man in das gepflegt-elegante Foyer mit Bibliothek und geschmackvoller indirekter Beleuchtung eintritt. Das Ambiente dieser erst im Juni 2010 eröffneten Jugendherberge unter christlicher Leitung erweckt durchaus den Eindruck eines 3-Sterne-Hotels, zumal es auch noch im nobelsten Teil von Paris in der Nähe der Champs-Élysées liegt. 30 der 73 Betten sind in Doppelzimmern untergebracht, bis zu sechs Betten finden sich in einem Zimmer, jedes mit Dusche und WC. Sie können hier auch ganz bequem selbst kochen oder Wäsche waschen, Internet und WLAN gehören selbstverständlich zur Ausstattung. Zum Entspannen gibt es eine Art Piano-Bar und eine Terrasse mit Blick auf den Garten.

Zugelassen ist diese Jugendherberge für alle Altersgruppen, Voraussetzung ist nur ein Jugendherbergsausweis *(11–16 Euro vor Ort)*. Es

Bild: So sehen Pariser Jugendherbergen aus – im Foyer der Auberge de Jeunesse Adveniat

gibt zwar eine schöne Kapelle und es werden Aktivitäten angeboten, die teilweise christlich-sozial motiviert sind, aber eine Teilnahme ist keine Pflicht und es werden auch keinerlei entsprechende Erwartungen foprmuliert. Zugleich wird ein interessantes, allgemeines kulturelles Programm unverbindlich angeboten. Eine Besonderheit müssen Sie beachten: Das Haus ist zwischen 11 und 16 Uhr geschlossen, dafür gibt es aber abends keine Sperrstunde und auch keine Alterbegrenzung. *28–33 Euro pro Person, inklusive Frühstück | 10, Rue Francois-1er | Tel. 01 77 45 89 10 | adveniat@assomption.org | M1, 13: Champs-Élysées–Clemenceau | 8. Arr.*

BVJ LOUVRE **[151 D1]**

Zentraler geht's nicht als in dieser durchgängig geöffneten Jugendherberge mit ihrem freundlich ausgeleuchteten Eingangsfoyer unter einem Glasdach. Von hier aus sind Sie in drei Minuten an den Hallen, dem Hauptknotenpunkt der Metro, von wo aus sich alles in Paris schnell erreichen lässt. Zum Louvre, Centre Pompidou und Palais Royal sind es jeweils zu Fuß weniger als zehn Minuten. Jugendherbergsausweis sowie Altersbegrenzung spielen keine Rolle. *25–35 Euro pro Person, inklusive Frühstück | 20, rue Jean-Jaques Rousseau | Tel. 01 53 00 90 90 | www.bvjhotel.com | M1, 7, 11, 14, RER A, B,D: Chatelet–Les Halles | 1. Arr.*

HÔTEL MIJE FOURCY **[151 F3]**

In einem wunderschönen Palais aus dem 18. Jh. mit großem baumbestandenen Innenhof befindet sich diese Jugendherberge. Zwischen dem quirligen Marais und den Seine-Inseln gelegen, ist sie der ideale Ausgangspunkt für abendliche Touren. Im herrschaftlichen Gewölbesaal wird auch ein Abendessen für 11 Euro serviert. Die 1- bis 10-Bett-Zimmer dagegen sind eher schlicht und die Toiletten befinden sich auf dem Gang. Ein Jugendherbergsausweis ist erforderlich. *31–37 Euro pro Person, inklusive Frühstück | 6, rue Fourcy | Tel. 01 42 74 23 45 | www.mije.com | M1: St. Paul | 4. Arr.*

ST CHRISTOPHER'S PARIS HOSTEL **[138–139 C–D4]**

Großes, modern eingerichtetes 300-Betten Haus der internationalen Hostelkette. Einerseits etwas außerhalb, andererseits nett am Canal de l'Ourcq (Nähe Parc de la Villette) gelegen, bietet es alles, was das Traveller-Herz höher schlagen lässt: kontinentales Frühstück mit allem Drum und Dran (selten in Paris), Abendprogramme im Konzertsaal *(Mi Karaoke, Fr Student Night, Sa Club-Party)*, Bar, Restaurant *(Abendessen 6 Euro)*, sogar eine Extraetage für Frauen.

In den Mehrbettzimmern wird Privatsphäre gewahrt, indem jedes Bett eigenes Licht und zuziehbare Vorhänge aufweist. Das Bett kostet je nach Schlafsaalgröße zwischen 20 und 30 Euro. Für Paare gibt es auch Doppelzimmer für 45 Euro pro Person. *159, rue de Crimée | Tel. 01 40 34 34 40 | www.st-christophers.co.uk | M7: Crimée | 19. Arr.*

WOODSTOCK HOSTEL **[145 D1]**

Nur fünf Minuten entfernt von der Treppe von Sacré Coeur, wo an den Abenden das Leben tobt, liegt dieses einfache, eher an eine Jugendherberge erinnernde Hostel. Die Küche bietet WG-Atmosphäre mit internationalem Publikum. Auch im kleinen, begrünten Hof werden Kontakte geschlossen. Das Doppelzimmer kostet 25 Euro pro Person, ein Bett im 6-Bett-Zimmer um die 20 Euro pro Person, inklusive Frühstück. Die einigermaßen sauberen Duschen befinden sich auf der Etage. *48, rue Rodier | Tel. 01 48 78 87 76 | www.woodstock.fr | M2: Anvers | 9. Arr.*

ZELTEN

CAMPING MAISONS LAFITTES **[160 B2]** Insider Tipp

Wenn schon campen, dann in der freien Natur und nicht inmitten des Grüngürtels der Millionenmetropole: Dieser Campingplatz in der Umgebung von Paris liegt nicht nur sehr idyllisch an der Seine, Sie brauchen nur zehn Minuten zu Fuß ins Zentrum des schmucken Königstädtchens Maisons-Lafitte mit wunderschönem Schloss. Von dort haben Sie auch Anschluss an die S-Bahn RER A *(6 Züge pro Stunde)* und befinden sich in 20 Minuten im Zentrum von Paris. Mit der gleichen Bahn sind Sie in 50 Minuten im Disneyland Resort. Auch nach Versailles ist es ein Katzensprung. Zwei Personen mit Zelt und Auto zahlen pro Nacht je nach Saison ab 23 Euro, im Juni und August 29 Euro. *1, rue Johnson | Tel. 01 39 12 21 91 | www.campint.com, www.maisonslafitte.fr | RER A: Maisons-Lafittes*

L´HOTEL [150 C2]

Kleines aber feines Hotel hinter der Kunstakademie, in dem lange Zeit Oscar Wilde residierte. Der Designer Jacques Garcia hat Restaurant und Zimmer sehr eindrucksvoll-theatralisch gestaltet. Im Gewölbekeller befinden sich Pool und Hamam. Buchen Sie hier Lastminute, ungefähr 3 Tage im Voraus zahlen Sie beispielsweise für das Zimmer „Bijoux" nur 300 anstelle von 370 Euro. *16 Zi., 4 Suiten | 13, rue des Beaux Arts | Tel. 01 44 41 99 00 | www.l-hotel.com | M4: Saint-Germain-des-Près | 6. Arr.*

MURANO [146 B5]

In diesem supercoolen Designhotel ist alles in Weiß gehalten. Pool, Hamam

Nebenan wohnte Marie Antoinette: herrschaftliche Fassade des Trianon Palace

LUXUS LOW BUDGET

und lässige Bar sind selbstverständlich. Das durchschnittliche Doppelzimmer kostet hier regulär 440 Euro. Wenn Sie Paris nicht in den touristischen Spitzenzeiten wie etwa im Januar besuchen, fällt der Zimmerpreis hier schon mal gleich um die Hälfte. Aber auch in den übrigen Monaten gibt es immer wieder attraktive Preisnachlässe. *51 Zi. | 13, boulevard du Temple | Tel. 01 42 71 20 00 | www.muranoresort.com | M8: Filles du Cavalaire | 3. Arr.*

PAVILLON DE LA REINE **[152 A3]**
Mitten im quirligen und wohl schönsten Viertel direkt am place des Vosges befindet sich dieses 4-Sterne-Haus. Ruhiger als hier können Sie es nicht haben, denn dem Eingang ist ein Garten mit begrünter Hauswand vorgelagert, das Spa tut sein Übriges. In ruhigeren Zeiten wie Januar oder August gibt es das Doppelzimmer mit Frühstück für 390 Euro anstelle von 460 Euro ohne Frühstück. Wenn Sie Glück haben, wird Ihr Zimmer „upgegradet". *41 Zi., 16 Suiten | 28, place des Vosges | Tel. 01 40 29 19 19 | M1, 5, 8: Bastille | 3. Arr.*

TRIANON PALACE **[157 F3]**
Ohne zu übertreiben: In diesem Hotel werden Sie sich fühlen wie Marie Antoinette, die sich hier nebenan im Petit Trianon vergnügt hat. Vom Hotel aus ist das kleine Lustschloss im Park von Versailles in ein paar Schritten zu erreichen. Das herrschaftliche Trianon Palace gibt sich ganz im modernen Chic, und normalerweise zahlen Sie für ein Doppelzimmer zwischen 279 und 888 Euro. Mehrmals im Jahr gibt es aber das Angebot „Any Weekend, anywhere", zum Beispiel in der ruhigeren Zeit zwischen 6. Dezember und 31. Januar. Wenn Sie mindestens sieben Tage vorher online buchen, die Rechnung voll bezahlen und einverstanden sind, dass Sie nicht mehr stornieren können, zahlen Sie nur 165 Euro pro Nacht inklusive Frühstück! Vielleicht planen Sie ja sowieso einen Besuch des Schlosses von Versailles? Und mit der RER (Linie C) oder dem Zug sind es nur rund 35 Minuten ins Zentrum von Paris. *199 Zi., 17 Suiten | 1, boulevard de la Reine | Tel. 01 30 84 50 00 | www.trianonpalace.fr | RER C: Versailles-Chantiers*

Insider Tipp

> Spannende Museen, außergewöhnliche Parks und 1652 Stufen auf den Eiffelturm – ein Fest für Kinder

Eine Großstadt mit Kindern zu besuchen ist zunächst einmal eine besondere Herausforderung. In Paris ist das nicht anders. Und dennoch bietet die Metropole auch ihren kleinen Besuchern jede Menge spannende Erlebnisse zu kleinen Preisen. Da wären zum einen schon mal die vielen grünen Parks, in denen sich der angestaute Bewegungsdrang Bahn schaffen kann. Dazu kommen Erlebnisspielplätze wie im Parc de la Villette, der Schmetterlingsgarten im Parc Floral oder der Freizeitpark Jardin d'Acclimatation im schönen Bois de Boulogne. Größere Kinder werden Museen wie das der Luftfahrt am Flughafen, die ägyptische Abteilung des Louvre oder das Völkerkundemuseum Musée du Quai Branly spannend finden, während sich die Eltern über den freien Eintritt für ihre Kids freuen. Sogar im teuren Disneyland Resort Paris kann man, mit ein bisschen Rechenkunst, Geld sparen *(S. 126)*. Und dass man mit dem Nachwuchs beim Eiffelturm gewesen sein muss, versteht sich von selbst. Hier wartet ein Erlebnis der besonderen Art: Wer die 1652 Stufen bis zur 2. Etage bewältigt, wird mit dem Stolz auf seine Leistung und einem grandiosen Ausblick belohnt. Das ist spannnender als Liftfahren – und kostet nur die Hälfte!

MIT KINDERN

DRAUSSEN

Insider Tipp

JARDIN D´ACCLIMATATION [140 C1–2]

Dieser eher für kleinere Kinder geeignete Freizeitpark liegt im Westen von Paris inmitten der grünen Lunge des Bois de Boulogne. Das malerisch angelegte Gelände grenzt an das edle Viertel Neully-sur-Seine und ist auch für Erwachsene eine schöne grüne Oase. Die dekorativen Parkanlagen wechseln ab mit Gehegen meist einheimischer Tiere, (Wasser-)Spielplätzen, kleinen künstlichen Seen mit japanischen Gärten, künstlichen Bachläufen, Vogelvolieren, Zerrspiegeln und vielem mehr. Wenn Sie Ihre Kinder davon überzeugen können, dann sollten Sie auf die überteuerten Kurzfahrten in den Karrussells verzichten. Die schön angelegten Picknickplätze sind außerdem um einges attraktiver als die Restaurants – Picknick ist sowieso viel spannder. Für mindestens einen halben Tag lohnt sich der Ausflug ins Grüne allemal! *Kinder ab 3 Jahre und Erwachsene 2,90 Euro, Kinder bis 3 Jahre gratis | April–Sept. 10–19, Okt.–März 10–18 Uhr | boulevard Maillot | M1: Les Sablons | Neuilly-sur-Seine*

JARDIN DES PAPILLONS [161 D3]

Der „Schmetterlingsgarten" im östlich gelegenen Parc Floral bietet vielfältige Freizeitmöglichkeiten. Einer der Höhepunkte ist eine Voliere, in der über 40 Arten von Schmetterlingen herumschwirren. Mit pädagogisch attraktiv aufgemachten Modellen wird auf das Leben der Falter und anderer Insekten eingegangen. Wenige Minuten von dieser Attraktion entfernt lässt es sich an einem kleinen See mit Insel gut picknicken. Übrigens gibt es hier auch einen der schönsten Spielplätze von Paris! *Eintritt frei, Eintritt in den Park Erwachsene 1 Euro, Kinder 0,50 Euro | tgl. | avenue des Minimes | M1: Château de Vincennes*

JARDIN DU LUXEMBOURG [150 B–D4–5]

Im von Maria de Medici angelegten Stadtpark mitten im Herzen von Saint-Germain-des-Près *(Eintritt frei)* lieben es Kinder, ein geliehenes Modellsegelboot im großen Wasserbecken fahren zu lassen, Pony zu reiten oder im alten Karussell eine Runde zu drehen. Letzteres hat schon Rilke in seinem berühmten Gedicht gewürdigt.

Nur unwesentlich teurer wird's, wenn Sie einen der wenigen gut ausgebauten Kinderspielplätze im Park besuchen. Dieser Spaß mit allerlei Klettermöglichkeiten kostet dann für Kinder 2,60 Euro und für Erwachsene 1,40 Euro. Während der Nachwuchs tobt, sonnen sich die Eltern auf einem der aufgestellten Stühle und erholen sich von den Strapazen der Großstadt. Falls bei den Kleinen Appetit aufkommen sollte: Direkt gegenüber des Haupteingangs befindet sich ein McDonald's. *Eintritt frei, Kinderspielplätze Erwachsene 1,40 Euro, Kinder 2,60 Euro | Sommer 7.30–21.30 Uhr, Winter 8.15–17 Uhr | boulevard St. Michel | RER B: Luxembourg | 5. Arr.*

PARC DE LA VILLETTE [139 E2–3]

Das riesige Gelände des Pariser Schlachthauses, das 1974 geschlossen wurde, dient nicht nur wissenschaftlich-pädagogischen Zwecken, sondern soll vor allem Spaß machen. So haben Künstler zehn fantasievolle Themengärten angelegt: Im Garten der Weinlauben verstecken sich 90 Springbrunnen, der Schattengarten fasziniert mit seinen Lichtinstallationen, der Dünengarten erinnert Kinder mit seinen Spielmöglichkeiten an den Urlaub. Und nicht zuletzt ist da auch der Bambusgarten des berühmten französischen Konzeptkünstlers Daniel Buren.

Weitere auffällige Bauwerke bilden ein Raster über den Park und beherbergen Restaurants, Cafés oder Ausstellungsräume. Weithin sichtbar ist die runde, verspiegelte Kuppel des

Bild: Keine Angst, die wollen nur schwimmen – im Aquarium des Parc de la Villette

MIT KINDERN

Imax-Kinos *La Géode*. Die Ausstellungen der *Cité des Sciences et de l'Industrie* im Norden der Anlage sind zwar sehr interessant, aber relativ teuer und leider nur in englischer und französischer Sprache dokumentiert. Auf der Ebene 2 des Gebäudes gibt es allerdings ein Aquarium, in dem man Raubfische beobachten kann. Der Besuch unter Wasser kostet keinen Eintritt. *Mai–Sept. Sa, So 15–19 Uhr gratis | 211, avenue Jean Jaurés | Tel. 01 40 03 75 75 | www.villette.com | M7: Parc de la Villette | 19. Arr.*

ENTDECKEN

EIFFELTURM ZU FUSS [148 B2] Insider Tipp

Nicht nur für Sie, auch für Ihre Kinder wird der Eiffelturm in jeder Hinsicht ein „Höhepunkt" des Paris-Aufenthalts sein. Wenn Sie bei einem Besuch auf den Lift verzichten und die Treppen nehmen, dann schont das nicht nur die Urlaubskasse, weil Sie nur halb so viel Eintritt bezahlen. Ihre Kinder werden außerdem platzen vor Stolz, wenn sie die 1652 Stufen bis zur 2. Etage geschafft – und Mama und Papa dabei vielleicht noch abgehängt haben!

CLEVER!

> Mit der ganzen Familie auf der Couch schlafen

Urlaub mit Kindern kann allein deswegen teurer werden, weil man womöglich ein zweites Hotelzimmer braucht. Da ist es gut, wenn man auf Alternativen zurückgreifen kann: Seit 1999 gibt es das Netzwerk *couchsurfing.org*, das weltweit zwischen seinen Mitgliedern kostenlose Unterkünfte vermittelt. Ende 2010 waren mehr als 2 Mio. Menschen im Netzwerk registriert, die Übernachtungsplätze zur Verfügung stellen oder selber welche suchen. Angeboten wird auch eine spezielle Familien-Community für Reisende mit Kindern. Eine interaktive Karte zeigt auf einen Blick, wo die gastfreundlichen Familien zu finden sind, in Paris und Umgebung sind es etwa 20, Tendenz steigend. Das Couchsurfen mit Familie funktioniert wie das normale auch: Man liest die Profile der Gastgeber auf der Website und nimmt Kontakt auf – eine unbeschwert Weise, dem Nachwuchs fremde Kulturen nahezubringen. *www.couchsurfing.com*

Auf der 1. Etage können Sie kurz durchschnaufen und sich im kleinen Museum die Dokumentation zur Entstehung des Wahrzeichens anschauen (inklusive 20-Minuten-Videofilm). Neuerdings lässt sich die Stadt auch für den Eiffelturm etwas einfallen: Im Winter können Besucher auf der 1. Etage gratis Schlittschuh fahren, auch der Verleih der Schuhe kostet nichts. *Treppe bis 2. Etage: Erwachsene 4 Euro, Kinder 4–11 Jahre 3 Euro, 12–24 Jahre 3,50 Euro | tgl. Jan.–12. Juni, 30. Aug.–Dez. 9.30–23.45, 13. Juni–Aug. 9–0.45 Uhr | Tel. 01 44 11 23 23 | www.tour-eiffel.fr | M6: Bir Hakeim | 7. Arr.*

TURMBESTEIGUNG VON NOTRE DAME [151 E3]

Zwischen den Fratzen der Wasserspeier der Türme von Notre Dame auf den Spuren des Glöckners Quasimodo zu wandeln und dabei die Aussicht über die Île de la Cité zu genießen, ist auch für Kinder ein ganz besonderes Erlebnis – das Sportsgeist verlangt. Es ist durchaus möglich, dass Sie eine halbe Stunde anstehen müssen, bis Sie mit einem Pulk von Menschen die engen Treppen erklimmen können. Dennoch ist die Turmbesteigung einer der Höhepunkte eines Paris-Aufenthalts. Mit kleineren Kindern unter 6 Jahren ist das Vorhaben allerdings eher mit Vorsicht zu genießen. *Erwachsene 8 Euro, 18–25 Jahre 5 Euro, Kinder unter 18 Jahre frei | tgl. 7.45–18.45 Uhr | www.notredamedeparis.fr | M4: Cité | 4. Arr.*

ESSEN & TRINKEN

FLAM'S [145 D3]

Aus dem Elsass kommende Flammkuchen-Restaurants sind in Paris eine feste Einrichtung. Das beste Preis-Leistungsverhältnis hat ohne Frage die Kette Flam's: Das Mittagsmenü (z. B. elsässischer Salat mit Wurst und Käse, Flammkuchen in allen möglichen Variationen und *crème brûlée*) für 9,90 Euro. Besonders hungrige Teenager können sich mit dem Menü ab 12 Euro (ohne Dessert) unter dem Vermerk *à volonté (all you can eat)* satt essen. Für die Kleinen bis 12 Jahre gibt es sonntagmittags ein Kindermenü für 3,90 Euro. Das Lokal liegt gegenüber dem Wachsfigurenmuseum Musée Grévin, Nähe Opéra Garnier. *Mo 11.45–15, Di–Fr 11.45–15 u. 18.30–23, Sa 11.45–24, So 12–21.30 Uhr |*

11, boulevard Montmartre (weitere Filialen im 1., 8., 9., 15. Arr.) | Tel. 01 42 36 06 12 | www.flams.fr | M8, 9: Grands Boulevards | 2. Arr.

RESTAURANT FLUNCH [151 E1]

Die französische Alternative zu amerikanischen Fast-Food-Ketten *(s. auch Essen und Trinken, S. 63)*. Insider Tipp Das Kindermenü mit warmer Hauptspeise, Getränk, Dessert und einem Geschenkchen kostet nur 3,45 Euro. Das ist unschlagbar für Paris, zumal hier das Menü so groß ist, dass Sie gleich drei Kleine satt bekommen könnten – und zumal sich viele andere Restaurants nur ungern auf kleine Gäste einrichten. Was man hier nicht sagen kann: Sollte Ihr Nachwuchs zu langsam essen, stehen sogar Mikrowellen zum Aufwärmen bereit. *Tgl. 11–21.30 Uhr | 21, rue Beaubourg | Tel. 01 40 29 09 78 | www.flunch.fr | M11: Rambuteau | 4. Arr.*

KULTUR

ÄGYPTISCHE ABTEILUNG DES LOUVRE [150 C1–2]

Insider Tipp Eine der weltgrößten Ägyptologie-Sammlungen, die Kinder aller Altersgruppen und Erwachsene gleichermaßen begeistert. Alltagsobjekte erzählen vom Leben im alten Ägypten im Schatten der Pyramiden, eindrucksvolle Sphinxen, mumifizierte Krokodile sowie die berühmte Statue eines Schreibers aus dem Jahr 2600 v. Chr. ziehen kleine und große Besu-

Auch klar, wer hier der bevorzugte Gast ist: Kinderstühle im Restaurant Flunch

cher in eine andere Welt. *Erwachsene 10 Euro (1. So im Monat frei), Eintritt bis 25 Jahre frei | Mi–Mo 9–18, Mi, Fr bis 22 Uhr | Eintrittskarten am Automaten (deutschsprachig) oder bei Fnac, Tel. 08 92 68 46 94 | www.louvre.fr | M1, 7: Palais Royal-Musée du Louvre | 1. Arr.*

AMPHITHEATER VON LUTETIA [151 E5]
Paris war einmal in römischer Hand. Das Amphitheater aus dem 1. Jh., in

das früher 17000 Zuschauer zu Gladiatorenkämpfen pilgerten, erinnnert daran. Die Rundung sowie die unteren Stufen sind noch erhalten und laden den Nachwuchs zum Nachspielen römischer Geschichte ein. Oder sich den Kindern aus dem Viertel anzuschließen, die hier Fußball spielen. *Eintritt frei | Winter 8.30–17, Sommer bis 21 Uhr | 49, rue Monge | M10: Cardinal Lemoine | 5. Arr.*

CAFEZOIDE [138 C4]

Die Institution nennt sich „Erstes Kulturcafé für Kinder" und bietet neben einem Café verschiedene Vorführungen, Bastel- und Malkurse Konzerte, Filme und Ähnliches für Kinder und Jugendliche an. Sehr entspannte Atmosphäre. *Jahreseinschreibung 2,50 Euro, Tagesgebühr (einschließlich Snack und Getränk) 1,50 Euro | Mi–So 10–19 Uhr | Tel. 01 42 38 26 37 | www.cafezoide.asso.fr | 92, bis quai de la Loire | M7: Crime | 19. Arr.*

JARDIN DES PLANTES [157 F1]

Ein in Europa wohl einzigartiges Naturkundemuseum zur Evolution der Arten ist das *Muséum national d'Histoire naturelle* im großen Jardin des Plantes mit seinen verschiedenen Angbeoten. Besonders bemerkenswert: der „Zug der Tiere" in der großen Galerie. Das interaktive Museum, das zum Mitmachen anregt und die Informationen etwa mit kleinen Filmen verbildlicht, ist auch für Kinder spannend, die kein Französisch oder Englisch sprechen. Das (präparierte) Panzernashorn aus dem Besitz Ludwig XV. spricht ebenso für sich wie die Ménagerie, ein kleiner, aber feiner Zoo, der aus dem Jahr 1793 stammt und heute noch existiert.

Frisch renovierte schöne Gewächshäuser (teils von 1715) mit tropischen Pflanzen und ein botanischer Lehrgarten im schön angelegtem Park lassen diesen Ort zu einem Ganztagesausflug für Kinder werden. Der Eintritt in den Botanischen Garten ist frei. Die Große Galerie ist für EU-Bürger bis 25 Jahren ebenfalls kostenlos. Erwachsene über 25 Jahren, die für eine der Attraktionen des Parks ein Ticket kaufen, bekommen einen Rabatt für eine weitere Attraktion. Wenn Sie beabsichtigen, mehrere Stationen des riesigen Parks zu besuchen – etwa die Gewächshäuser, den Zoo oder den Discovery Room – könnte sich auch ein 2-Tagesticket für 25 Euro pro Person lohnen, das auch Rabatte für die Shops und Restaurants im Park beinhaltet. *Muséum national d'Histoire naturelle (Grande Galerie de l'Evolution): Erwachsene 8 Euro, EU-Bürger bis 25 Jahre Eintritt frei | Mi–Mo 10–18 Uhr | www.mnhn.fr; Zoo (Ménagerie): Erwachsene 8 Euro, Kinder 4–13 Jahre 6 Euro, unter 4 Jahren frei | April–Sept. 9–18, Okt.–März 9–17 Uhr; Gewächshäuser (Grandes Serres): Erwachsene 5 Euro, Kinder 4–13 Jahre 3 Euro, unter 4 Jahren frei | Mi–Mo Sommer 10–18, Winter 10–17 Uhr; Botanischer Lehrgarten: Eintritt frei | Sommer 7.30–20, Winter 8–17.30 Uhr; Jardin des Plantes: Eintritt frei | 57, rue Cuvier | www.jardindesplantes.net | M5, 10: Gare d'Austerlitz | 5. Arr*

MUSÉE AIR + ESPACE AM FLUGHAFEN BOURGET [161 D1]

Hier geht Technikfans das Herz auf. Die Geschichte der Luft- und Raumfahrt wird in diesem Museum anhand von nahezu 300 Originalen und Mo-

CLEVER!

> Wo der Nachwuchs gut versorgt ist

Den „Bauch von Paris" nannte Émile Zola das Marktzentrum im Herzen von Paris. Seit dem 12. Jh. konnten die Pariser Bürger in Les Halles alle möglichen Waren kaufen. Im 19. Jh. wurden Pavillons aus Glas und Metall gebaut, um den Markt aufzunehmen. Sie sind längst wieder abgerissen, heute beherbergt der Platz unter anderem das unterirdische *Forum Les Halles*, das größte Einkaufs- und Freizeitzentrum von Paris mit Kinos, Theatern, Restaurants und Cafés – hier können Sie den Nachwuchs an Regentagen gut beschäftigen. Sollten Sie mit einem Kleinkind unterwegs sein, dann ist der kostenlose Serviceraum des Einkaufszentrums ein guter Tipp. Hier können Sie sich gleich in mehrfacher Hinsicht um das Kleine kümmern: Wickeln, das Essen aufwärmen oder Stillen. Letzteres ist nämlich in Frankreich in der Öffentlichkeit eher verpönt. Praktisch ist hier auch der Verleih von Buggys. *Forum des Halles | Mo–Sa 10–20 Uhr | Porte Rambuteau, Niveau –3 | www.forumdeshalles.com | M4: Les Halles | 1. Arr.*

dellen von Hubschraubern, militärischer und ziviler Düsenjets und natürlich der Concorde dokumentiert. Sowohl die meisten Wechselausstellungen als auch die Dauerausstellung sind gratis. *Eintritt frei | Di–So Sommer 10–18, Winter 10–17 Uhr | Flughafen Paris-Le Bourget | Tel. 01 49 92 71 99 | www.museeairespace.fr | RER B: Bourget, anschließend Bus 152: Musée Air-Espace*

MUSÉE DE MINÉRALOGIE DE L´ECOLE DES MINES [150 C5]

Wer sich für Mineralien und Gestein interessiert, ist in diesem Museum gut aufgehoben: 4000 Mineralien, 700 Edelsteine, 400 Teile von Meteoriten, und dazu die Geschichte der Mineralogie. Untergebracht sind die zum Teil prächtigen Exemplare in einem altehrwürdigen Stadtpalais wenige Schritte vom Haupteingang des Jardin du Luxembourg entfernt. Sicher nicht das schönste Pariser Museum, aber ein durchaus interessantes. Dafür kostet es auch weniger. *Eintritt 2,50–5 Euro | Mo–Fr 13.30–18, Sa 10–12.30 u. 14–17 Uhr | 60, boulevard Saint-Michel | Tel. 01 40 51 92 90 | www.musee.ensmp.fr | RER B: Port-Royal | 6. Arr.*

MUSÉE DU QUAI BRANLY [148 C1]

Selbst wenn Ihre Kinder normalerweise keine Museen mögen: Aus diesem, erst 2006 erbauten Museum für Völkerkunde werden Sie sie kaum noch herausbekommen. Schon seine Architektur hat wenig mit den üblichen Institutionen gemein: Das verschachtelte Gebäude, teils mit total begrünten Wänden, hängt wie eine Brücke über einem üppigen Garten. Es gibt trotz mehrerer Ebenen keine Treppen (kinderwagenfreundliche Rampen!) und keine abgeschlossenen Räume. Die Farbe des Bodens zeigt an, aus welchem der vier Kontinente die rund 3000 Objekte stammen. Es gibt für kleine Entdecker viel zu tasten, auszuprobieren und technisch nachzuprüfen. Ein großer Spaß! *Eintritt frei bis 18 Jahre (Dauerausstellung), Erwachsene 8,50 Euro (1. So im Monat frei) | Di, Mi, So 11–19, Do–Sa 11–21 Uhr | Tel. 01 56 61 70 00 | www.quaibranly.fr | 222, rue de l´Université | M 9: Iéna, RER C: Pont de l´Alma | 7. Arr*

STRAWINSKI-BRUNNEN & CENTRE POMPIDOU [151 E1–2]

Neben dem Centre Pompidou befindet sich der Brunnen von Niki de Saint

Bild: kunterbunte Tupfer im Grau der Stadt – Figur im Strawinski-Brunnen

Phalle und Jean Tinguely als eine Hommage an den großen Komponisten. Der perfekte Platz für eine Pause im Stadtgewühl: Die knallbunten Fabelwesen und das Mobile mit allen möglichen Wasserspielen sind faszinierende Konstruktionen, und in hochsommerlicher Hitze können Kinder am Rand plantschen, und Erwachsene dort die müden Füße kühlen. Auch von den umliegenden Cafés aus unter den schattigen Bäumen können Sie Ihr Kind beaufsichtigen.

Von dort blicken Sie zum großen Vorplatz des Centre Pompidou, an dem fast ununterbrochen Straßen-

CLEVER!

> *Rabatte für den Besuch bei Micky Maus*

Die regulären Preise für das Disneyland Paris, mit jährlich 12 Mio. Besuchern einer der Hauptanziehungpunkte von Paris, sind gepfeffert. Die Tageskarte für den Besuch der Themenländer im Disneyland Park und den Blick hinter die Kulissen von Film und TV im benachbarten Walt Disney Studio Park kostet für Erwachsene 68 Euro und für Kinder bis 11 Jahren 61 Euro. Wenn Sie es geschickt anstellen, können Sie trotzdem sparen. Für alle, die länger bleiben, reduziert sich der Preis sukzessive, bei fünf Tagen sind es noch 34 Euro pro Tag. Wenn Sie nur einen Tag Zeit haben, sollten Sie und Ihre Kinder sich wegen der Größe der Anlage und den Warteschlangen vor den Attraktionen auf einen der beiden Parks beschränken. Auf der Internetseite finden sich regelmäßig Rabattaktionen, bei denen Kinder bis einschließlich 12 Jahren keinen Eintritt zahlen, sofern die Eltern ein Hotel im Disney-Resort buchen – hier heißt es aber, scharf kalkulieren. Normalerweise sollten Sie ein günstiges Hotel in der Nähe der Parks nehmen. Frühbucherspartarife (mehr als 10 Wochen vorher) versprechen bis zu 20 Prozent Ermäßigung, weitere Aktionen (Tagesticket für 2 Parks 54 Euro in der Nebensaison) auf der Website. Übrigens können Sie beim Essen nicht sparen: Strenge Sicherheitskontrollen am Eingang sorgen dafür, dass Ihr Picknick nicht mit in die Parks kommt! *RER A4: Marne-La-Vallée (40 Minuten westlich vom Zentrum von Paris) | www.disneylandparis.com*

künstler aller Art die Passanten unterhalten. Das berühmte staatliche Kunst- und Kulturzentrum selbst, das den Namen des ehemaligen französischen Staatspräsidenten trägt, ist ebenfalls jeden Besuch wert – und sei es nur wegen der futuristischen Architektur, die auch Ihre Kinder faszinieren wird. Die Aussichtsplattform im 6. Stock ist für Besucher unter 26 Jahren kostenlos, das Museum für moderne Kunst und die wechselnden Ausstellungen kosten erst ab 18 Jahren 10–12 Euro. *Eintritt frei bis 18 Jahre | tgl. 11–21 Uhr | place Georges Pompidou | M14: Rambuteau*

SHOPPING

DU PAREIL AU MÊME [151 D1]

Pfiffige und bezahlbare Kindermode (T-Shirts ab 7 Euro, Hosen und Kleider ab 17 Euro) für die Altersgruppe der 0–14-Jährigen, dazu Schuhe, Bücher, Spiele und Baby-Accessoires. Der Laden der bekannten französischen Kette liegt im 2. Untergeschoss des großen Einkaufszentrums Forum des Halles *(S. 123)* und ist wohl der zentralgelegenste der Stadt. *Mo–Sa 10–20 Uhr | Forum des Halles, Niveau -2 | www.forumdeshalles.com | M4: Les Halles | 1. Arr.*

KIABI [153 D2]

Diese äußerst günstige Kette ist nicht auf Kinderkleidung spezialisiert, hat aber trotzdem eine reichhaltige Auswahl. Es werden keine großen Marken angeboten, doch haben sie meist den gewissen französischen Touch. Eine Jeans für einen 12-Jährigen kostet um die 20 Euro, ein Kleidchen um die 15 Euro. *Mo–Sa 10–19 Uhr | 4, rue Camille Desmoulins | www.kiabi.com | M9: Voltaire | 1. Arr.*

NATURE ET DÉCOUVERTES [152 A3]

Ladenkette mit außergewöhnlichem, ökologischem Spielzeug. Auch wenn dies relativ teuer ist, kann man an einem Mittwochnachmittag an einem der dort oft stattfindenden Bastelkurse teilnehmen. Diese laufen ohne Voranmeldung und sind gratis *(Infos auf der Website)*.

Wer Mitglied im Club Nature et Découvertes wird *(6 Euro für drei Jahre)* kann an den Aktivitäten des Clubs – Wanderungen, Tierbeobachtungen – zu deutlich reduzierten Tarifen teilnehmen. *Mi-Nachmittag | Filiale Carrousel du Louvre | 99, rue de Rivoli | Tel. 01 47 03 47 43 | www.natureetdecouvertes.com | M1: Musée du Louvre | 1. Arr.*

KARTENLEGENDE

Autobahn Motorway		Autoroute Autosnelweg
Vierspurige Straße Road with four lanes		Route à quatre voies Weg met vier rijstroken
Durchgangsstraße Thoroughfare		Route de transit Weg voor doorgaand verkeer
Hauptstraße Main road		Route principale Hoofdweg
Sonstige Straßen Other roads		Autres routes Overige wegen
Einbahnstraße One-way street		Rue à sens unique Straat met eenrichtingsverkeer
Fußgängerzone Pedestrian zone		Zone piétonne Voetgangerszone
Information Information		Information Informatie
Hauptbahn mit Bahnhof Main railway with station		Chemin de fer principal avec gare Belangrijke spoorweg met station
Schnellbahn Rapid transit railway		Train de banlieue rapid Snelle lokaaltrein
Sonstige Bahn Other railway		Autre ligne Overige spoorweg
U-Bahn Underground		Métro Ondergrondse spoorweg
Straßenbahn - Regionalbuslinie Tramway - Regional bus-route		Tramway - Ligne d'autobus régional Tram - Regionaal buslijn
Flughafenbus Airport bus	B	Bus d'aéroport Vliegveldbus
Anlegestelle Landing stage		Embarcadère Aanlegplaats
Kirche - Sehenswerte Kirche Church - Church of interest		Église - Église remarquable Kerk - Bezienswaardige kerk
Polizeistation - Postamt Police station - Post office		Poste de police - Bureau de poste Politiebureau - Postkantoor
Krankenhaus - Denkmal Hospital - Monument		Hôpital - Monument Ziekenhuis - Monument
Jugendherberge Youth hostel		Auberge de jeunesse Jeugdherberg
Bebaute Fläche, öffentliches Gebäude Built-up area, public building		Zone bâtie, bâtiment public Bebouwing, openbaar gebouw
Industriegelände Industrial area		Zone industrielle Industrieterrein

CITYATLAS PARIS

> Auf der nächsten Seite finden Sie eine *Übersichtskarte* mit den 10 wichtigsten Sehenswürdigkeiten.

> Eine *Umgebungskarte* vom Großraum Paris befindet sich auf den Seiten 160/161

> Das *Straßenregister* (ab Seite 162) enthält eine Auswahl der im Cityatlas dargestellten Straßen und Plätze.

PARIS IM ÜBERBLICK

> *Stadtviertel zur Orientierung*

NICHT VERPASSEN: Die Top 10 der besten Sehenswürdigkeiten (Die Beschreibungen finden Sie auf den Seiten 16 und 17)

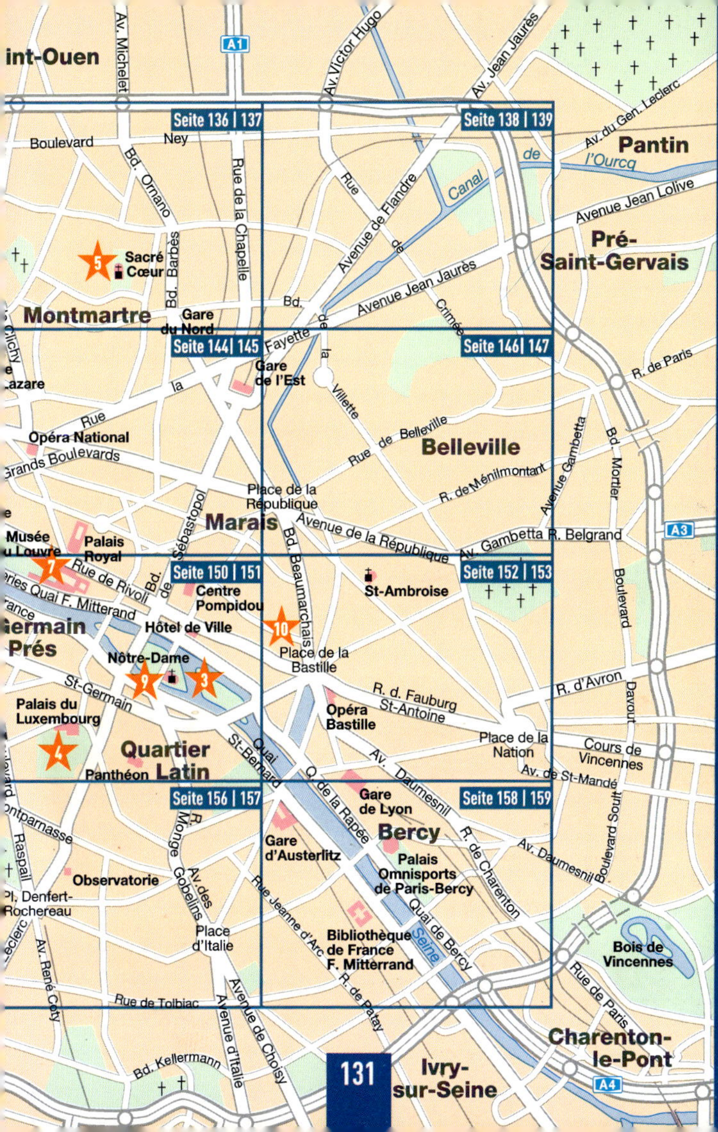
Seite 136 | 137
Seite 138 | 139
Seite 144| 145
Seite 146| 147
Seite 150 | 151
Seite 152 | 153
Seite 156 | 157
Seite 158 | 159
int-Ouen
Av. Michelet
A1
Av. Victor Hugo
Av. Jean Jaurès
Av. du Gen. Leclerc
Pantin
Canal de l'Ourcq
Boulevard Ney
Bd. Ornano
Rue de la Chapelle
Rue de Crimée
Avenue de Flandre
Avenue Jean Lolive
Pré-Saint-Gervais
Sacré Cœur
Bd. Barbès
Avenue Jean Jaurès
Montmartre
Gare du Nord
Bd. de la Villette
Fayette
Rue la
Gare de l'Est
R. de Paris
Clichy
Lazare
Opéra National
Grands Boulevards
Rue de Belleville
Belleville
R. de Ménilmontant
Avenue Gambetta
Bd. Mortier
Place de la République
Marais
Bd. de Sébastopol
Avenue de la République
Av. Gambetta
R. Belgrand
A3
Musée du Louvre
Palais Royal
Rue de Rivoli
Quai F. Mitterand
Centre Pompidou
Bd. Beaumarchais
St-Ambroise
Boulevard Davout
Germain des Prés
Hôtel de Ville
Place de la Bastille
Nôtre-Dame
St-Germain
R. d. Fauburg St-Antoine
R. d'Avron
Palais du Luxembourg
Opéra Bastille
Quartier Latin
Panthéon
Quai St-Bernard
Place de la Nation
Cours de Vincennes
Av. de St-Mandé
Av. Daumesnil
Q. de la Rapée
Gare de Lyon
Bercy
Montparnasse
Raspail
R. Monge
Gare d'Austerlitz
R. de Charenton
Boulevard Soult
Observatorie
Av. des Gobelins
Palais Omnisports de Paris-Bercy
Pl. Denfert-Rochereau
Place d'Italie
Rue Jeanne d'Arc
Quai de Bercy
Seine
Bibliothèque de France F. Mitterrand
Bois de Vincennes
Av. René Coty
Rue de Tolbiac
Avenue d'Italie
Avenue de Choisy
R. de Patay
Rue de Paris
Charenton-le-Pont
Bd. Kellermann
Ivry-sur-Seine
A4

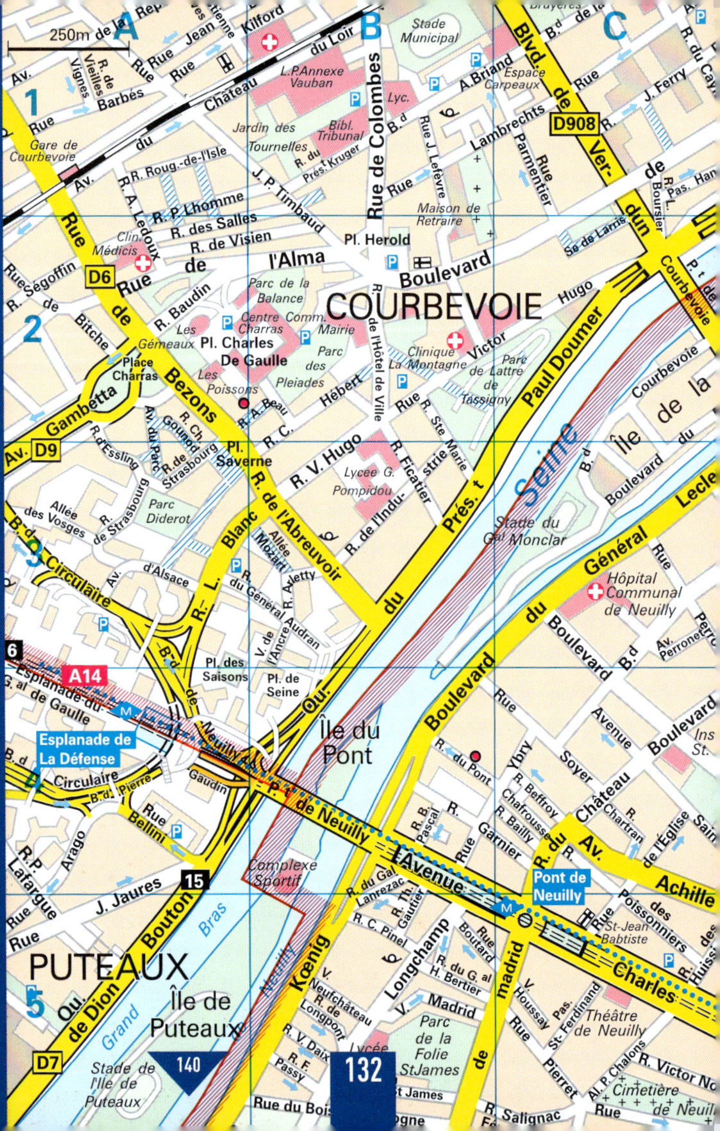
250m
A
B
C
1
2
3
4
5
6
15
140
COURBEVOIE
PUTEAUX
Seine
Gare de Courbevoie
Stade Municipal
L.P.Annexe Vauban
Jardin des Tournelles
Bibl. Tribunal
Lyc.
Espace Carpeaux
Maison de Retraire
Pl. Herold
Clin. Médicis
Parc de la Balance
Centre Comm. Charras
Mairie
Les Gémeaux
Pl. Charles De Gaulle
Place Charras
Les Poissons
Parc des Pleiades
Clinique La Montagne
Parc de Lattre de Tassigny
Pl. Saverne
Lycee G. Pompidou
Parc Diderot
Stade du Gal Monclar
Île de la Jatte
Hôpital Communal de Neuilly
Pl. des Saisons
Pl. de Seine
Esplanade de La Défense
Île du Pont
Complexe Sportif
Pont de Neuilly
St-Jean Babtiste
Théâtre de Neuilly
Parc de la Folie StJames
Cimetière de Neuilly
Île de Puteaux
Stade de l'Île de Puteaux
Grand Bras
D908
D6
D9
D7
A14
Rue de Bezons
Rue de Colombes
Boulevard Victor Hugo
Bd. du Gal Leclerc
Quai du Prés.t Paul Doumer
Bd. de Verdun
Av. Gambetta
R. de l'Abreuvoir
Rue de l'Alma
R. de l'Hôtel de Ville
R. L. Blanc
Bd. Circulaire
Quai de Dion Bouton
Pt de Neuilly
Avenue Charles de Gaulle
Boulevard du Château
Av. Achille Peretti
Bd. Kœnig
Rue de Longchamp
Bd. de Madrid
R. J. P. Timbaud
R. des Salles
R. de Visien
R. P. Lhomme
R. Roug.-de-l'Isle
Rue Lambrechts
Rue Parmentier
Rue J. Lefèvre
R. J. Ferry
Rue du Château du Loir
R. Ségoffin
R. de Bitche
R. Baudin
R. Hébert
R. V. Hugo
R. Ficatier
R. de l'Industrie
R. Ste Marie
R. du Pont
R. Garnier
R. Soyer
R. Ybry
R. Beffroy
R. Chartran
R. de l'Eglise
R. des Poissonniers
Rue Bellini
R. Arago
R. P. Lafargue
Rue J. Jaures
Esplanade-du-G. al de Gaulle
Rue du Bois
R. Salignac
R. Victor Noir

D
E
F
D7
D1
1
2
3
4
5
Musée Roybet Fould
Parc de Bécon
St. Denis
Maréchal Joffre
Pont de Levallois
Rucher de Levallois
Musée de la Pêche
Quai Michelet
Michelet
Pl. G. Pompidou
Square L. Jamin
Clément Bayard
Pont de Levallois-Bécon
Rue Baudin
Rue du Parc
R. M. J. Bassot
R. M. Girault
Vaillant
All. Cl. Monet
Av. G. Pompidou
Sq. A. Malraux
Lycée Technique Léonard de Vinci
Pal. d. Sports M. Cerdan
Boulevard Vital Bouhot
Jatte
Boulevard Georges Seurat
Quai
Av. A.
R. Pasquier
Rue Ernest Cognacq
Danton
Rue Paul
Parc de la Planchette
LEVALLOIS-PERRET
Rue J. Mazas
Rue Gabin
Grefulhe
R. Jean
Rue Saussaye
V. de Villiers
Pl. de la Libération
Kléber
Anatole
Hôpital Américain
Château
Sqare P. H. de Voque
Villa Chaptal
Rue Bara
Marius
Anatole France
Victor
St-Jaques
Chezy
Rue St Paul
Hôpital N.D. du Perpétuel Secours
R. de l'Aspt Dargent
Rue de Lesseps
Chauveau
Clin. St. Isabelle
R. Barbès
Hôpital Franco-Britann.
Chaptal
NEUILLY-SUR-SEINE
Pl. du Duc d'Orleans
R. C. Desmoulins
R. Marceau
Louise
Nortier
Boulevard d'Inkermann
Hugo
Lycée Espagnol
Rue de Rouvray
Vergniaud
Bineau
B.d
Clin. Cité des Fleurs
Clin. H.Hartman
Sq. Belœil
Pauline
École
Clin. A. Paré
B.d Victor Hugo
R. des Dames Augustines
Lyc. Pasteur
Perronet
Borghèse
Lycée
Parmentier
B.d de Villiers
Av. de la P. te de Villiers
St-Pierre
R. E. Bloud
Mairie
Ecole
B.d J. Mermoz
Pl. W. Churchill
Taxi
R. du G. al Cordonnier
Av. Ph. Le Boucher
Madeleine Michelis
Perronet
R. P. Cherest
R. C. del
Stade Paul Faber
B.d de Dixmude
P. te de Villiers
R. de l'Hôtel de Ville
Peretti
Av.
R. Devès
R. St Pierre
Rue L. Philippe
d'Orléans
R. A. Vérien
B. Dumas
V. du Roule
Centre Chirurg. P. Cherest
B.d de Paladines
B.d d'Aurelle
Roule Porte des Ternes
Av. de la
Pl. du G. al Koenig
Gouvion
133
141

250m
D1
D909
Cimetière de Levallois Perret
Square L. Jamin
Pl. G. Pompidou
Pl. du 11. Nov. 1918
Rue Baudin
Rue Collange
Ste-Reine
Rue Belgrad
Rue Couturier
Espace Cult.
Rue du Puits Bertin
Rue des Chasses
Imp. Passoir
Rue Petit
Rue de Neuilly
Garages de Clichy
Station Clichy Levallois
Rue de la Gare
Rue Victor Hugo
Auditorium M. Ravel
Rue Cavé
Rue Clément Bayard
R. M. J. Bassot
R. M. Girault
Rue du Parc
Rue Jules Guesde
Rue Edouard Vaillant
Rue Camille Pelletan
Pl. J. Zay
Rue P. Brossolette
Rue Raspail
Rue Trézel
Pl. du 8. Mai 1945
Rue Briand
Rue Jaurès
Rue Jules Verne
Atel. SNCF
Sq. V. Hugo
Parc de la Planchette
LEVALLOIS-PERRET
Rue J. Mazaud
Rue Pasteur
St.-Justin
Rue Voltaire
Hôtel de Ville
Rue Marjolin
R. Youri Gagarine
Parc Gagarine
R. Deguingand
Rue Kléber
Rue Anatole France
Anatole France
Jardin de la Mairie
Mairie
Rue Aristide Briand
Rue Gabriel Péri
Rue Président Wilson
Rue Rivay
Rue Jules Vaillant
Rue Jean Jaurès
Rue Rouquier
Imp. Genouville
Rue Lorraine
Bibl. Alsace
Rue d'Alsace
Stade L. Bobet
Porte d'Asnières
Rue Bara
Rue Marius
Rue Carnot
Rue Louis Rouquier
Rue Trébois
Rue Barbusse
Pl. H. Barbusse
Parc G. Eiffel
Palais des Sports
Rue Michel
Rue Ladwig
R. Curnonsky
R. Pitet
R. Lafay
Sq. Valentin
Rue M. Ravel
Rue de Reims
Rue Chaptal
Rue Barbès
R. C. Desmoulins
Rue Vergniaud
Rue Marceau
Rue Louise Michel
Rue Aufan
Rue Danton
Square Danton
L. Michel
Rue Jacques Ibert
R. du G. Peugeot
Promenade
Rue Bernard
Bd. de la Somme
Porte de Courcelles
Avenue
R. J. Bourdais
R. R. de Senlis
R. Gervex
Pl. P. Leautaud
R. E. Flachat
Rue de Villiers
Rue Bineau
Porte de Champerret
Av. de la P.te Champerret
Bd. de St. Odile
Pl. Stuart Merrill
P.te de Champ.
P. Adam
Sq. du Thimerais
R. A. Samain
Boulevard de Courcelles
Av. Gourgaud
R. le Châtelier
Péreire Levallois
Pl. du M.al Juin
Péreire
Rue de Courcelles
Bd. de Dixmude
Av. de la P.te de Villiers
Bd. de l'Yser
R. Debussy
Pomp.
R. A. Charpentier
Pl. J. Renard
R. Galvani
R. d'Héliopolis
R. G. Tell
Rue Descombes
Stade Paul Faber
R. C. del Sarte
Bd. d'Aurelle de Paladines
Rue Parmentier
Bd. de Villiers
P.te de Villiers
Av. St Cyr
R. E. Allez
R. R. Bacon
Sq. Bayen
Rue Vernier
R. J. B. Dumas
Rue Pereire
Faraday
R. de St Senoch
Rue Laugier
V. Aublet
V. Laugier
Pl. A. Maillart
R. Niel
R. Balny d'Avricourt
Rue Demours
Villa Monceau
R. Gounod
R. Th. de Banville
Imp. Roux
Pl. du G.al Koenig
Rue Verzy
R. Ruhmkorff
Rue Rennequin

142

D
E
F
1
2
3
4
5
7
D911
D19
D912
CLICHY
Place des Martyrs de l'Occupation
Rue Rutebeuf
L'Oréal
Imp. Barbier
Rue Martre
B.d Jean Jaurès
R. du Dr Calmette
Rue du Dr Roux
Rue Bonnet
R. d. Mai 1945
Cité Nouvelle
Cité J. Renault
Rue Anatole France
Rue de Paris
R. des Cailloux
Chance Milly
de Clichy
R. Curton
Rue Fouquet
R. Poyer
R. Trouillet
Bd. Victor Hugo
Notre Dame Auxilliatrice
Mairie
G.al Leclerc
R. A. Varet
R. Simonneau
R. Fanny
Pge du 19 Mars 1962
R. Floréal
B. d du Bois le Prêtre
Pl. A. T
Cimetière des Batignolles
Rue Rebière
École National de Commerce
Rue Pierre
Rue Pouchet
Stade L. Biancotto
R. St Just
P. te de Clichy
Lycée H. de Balzac
Bd du Fort de Douaumont
B.d de Douaumont
Av. de la Porte de Clichy
Parc
R. André Suarès
Boulevard Berthier
Rue Fragonard
Porte de Clichy
R. du Brousse
Rue Ernest Roche
Pas. Berzélius
Rue des Fleurs
Rue de la
Pass. Petit Cerf
Rue Boulay
R. P. Bodin
R. Emile Level
Rue Berzélius
St. Joseph
Rue Gauthey
Sauffroy
Avenue de Clichy
des Batignolles
(en constr./2015)
Imp. Chalabre
Rue Cardinet
Cité des
Rue des Apennins
Brochant
Clin. Nollet
Rue Brochant
Rue Nollet
R. Clairaut
Legendre
Rue Lemercier
Rue Truffaut
Pl. Louis Bernier
R. Alb. Roussel
Rue Marg. Long
College B.Vian
de la Pte.
Sq. Paul Paray
Rue de la Crèche
R. C. de Pisan
Rue de Saussure
R. R. Noureev
Rue J. Lamber
Boulevard
R. N.
B.d Pereire (Nord)
Boulevard Pereire (Sud)
Station Pont Cardinet
Pl. Ch. Fillion
Square des Batignolles
Ste Marie des Batignolles
R. Lamandé
Rue Bridaine
Rue La Condamine
Pl. de Wagram
Jardin Tocqueville
Rue du Printemps
Rue de la Félicité
R. Cernuschi
R. Dau- bigny
Lycée
Rue Jouffroy
P.ge Cardinet
Rue Cardinet
Imp. Léger
Sq. re G. Fauré
R. de Salneuve
Rue Legendre
Rue de Saussure
Rue Dulong
Rue Boursault
R. Mariotte
Pl. R.
Avenue de Wagram
Ampère
Pl. du Nicaragua
R. Bré- montier
roy
St. Fr. de Sales
R. Viète
Lycée Carnot
Boulevard
Univ. Paris IV Sorbonne
Rue J. Bingen
R. Léon Cosnard
Rue de Tocqueville
R. Cl. Pouillet
R. Lebouteux
Rue de Lévis
Imp. de Lévis
Rue Meissonnier
Rue Jouff. de
Mus. Henner
Malesherbes
Pl. du G.al Catroux
Avenue de Villiers
Rue Cardinet
Rue Fortuny
WAGRAM
R. de
Villiers
Rome
Rue des Batignolles
Univ. de Format. Maîtres
R. de Puteaux
Boulevard des
Lycée

143

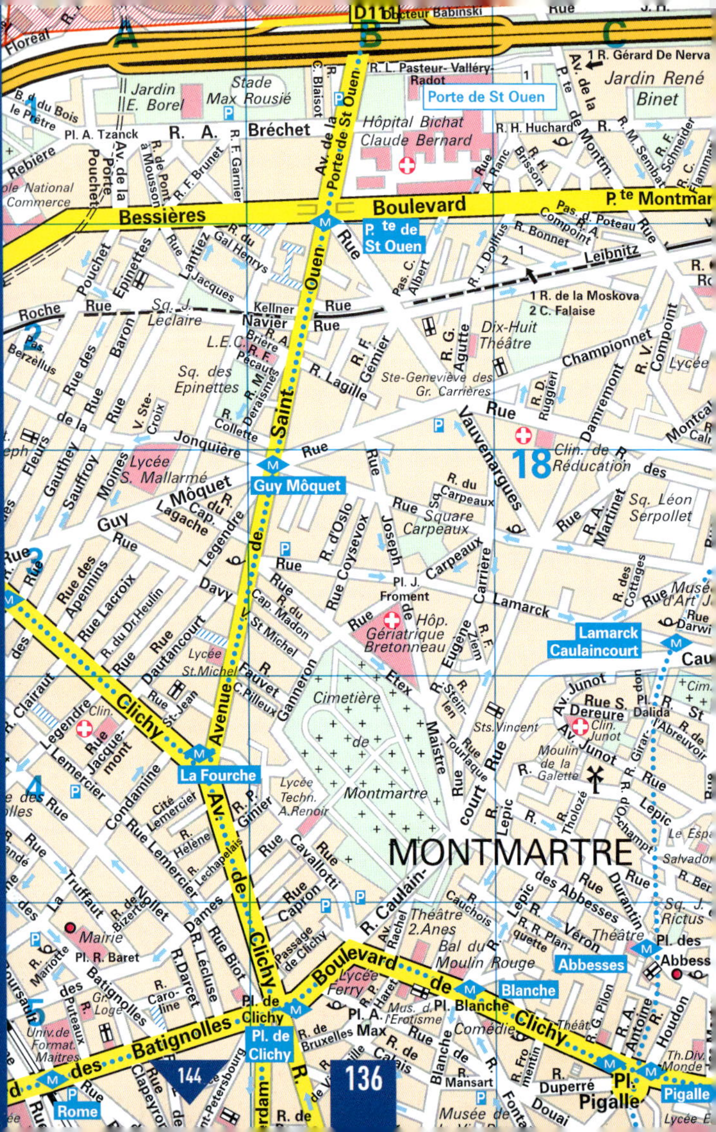

A
B
C
D11
Docteur Babinski
Floréal
1 R. Gérard De Nerval
Jardin René Binet
R. L. Pasteur-Valléry-Radot
Porte de St Ouen
Stade Max Rousié
Jardin E. Borel
B. d du Bois le Prêtre
Pl. A. Tzanck
R. A. Bréchet
Hôpital Bichat Claude Bernard
R. H. Huchard
Av. de la Porte de St Ouen
Av. de la Porte de Montm.
R. M. Sembat
R. F. Schneider
Rebière
Av. de la Porte Pouchet
R. de Pont à Mousson
R. F. Bruneť
R. F. Garnier
R. Brisson
Rue A. Ranc
École National Commerce
Bessières
Boulevard
P.te Montmartre
Pas. d. Poteau
R. A. Compoint
R. Bonnet
P.te de St Ouen
Leibnitz
Gal Henrys
Rue Pouchet
Rue Epinettes
Rue Lantiez
Rue Jacques Kellner
Pas. C. Albert
R. J. Dollfus
1 R. de la Moskova
2 C. Falaise
Roche
Sq. J. Leclaire
Rue Navier
Rue
R. G. Agutte
Dix-Huit Théâtre
Championnet
R. V. Compoint
Lycée
Pas. Berzélius
Rue Baron
Rue des
L.E.C.
R. A. Brière
R. F. Pécaut
Sq. des Epinettes
R. M. Deraismes
R. Lagille
R. F. Gémier
Ste-Geneviève des Gr. Carrières
R. D. Ruggieri
Damremont
Rue Montcalm
Fleurs
Gauthey
Sauffroy
de la
Rue
V. Ste-Croix
Moines
Jonquière
R. Collette
Saint
Rue Vauvenargues
Lycée S. Mallarmé
Guy Môquet
Cap. Lagache
R. du
18
Clin. de Réducation
Rue des
R. du Carpeaux
Sq. Léon Serpollet
Rue Square Carpeaux
Rue
R. A. Martinet
Guy
Rue
Legendre
de
Rue
R. d'Oslo
Rue Coysevox
Rue Joseph
Carpeaux
Carrière
Rue des Apennins
Rue Lacroix
Davy
R. du Cap. Madon
Pl. J. Froment
Rue de Hôp. Gériatrique Bretonneau
Lamarck
R. des Cottages
Rue
Musée d'Art Juif
Rue Darwin
Lamarck Caulaincourt
R. du Dr. Heulin
Rue
Dautancourt
Lycée St. Michel
Av. St Michel
R. Fauvet
C. Pilleux
Ganneron
Etex
Eugène
R. F. Ziem
Cimetière de Montmartre
R. Stein-len
Av. Junot
Rue S. Dereure
Pl. Dalida
R. St
R. de l'Abreuvoir
Clairaut
Legendre
Clichy
Rue St-Jean
Clin.
Rue Jacque-mont
Avenue
Sts. Vincent
Rue Tourlaque
Maistre
Clin. Junot
Av. Junot
Moulin de la Galette
R. Girardon
La Fourche
Lemercier
Condamine
Cité Lemercier
Av. de
R. P. Ginier
Lycée Techn. A.Renoir
Rue Caulaincourt
R. Lepic
R. Tholozé
R. Ravignan
Rue Lepic
Rue
R. Hélène
R. Lechapelais
Rue Lemercier
Rue Cavallotti
Rue Capron
MONTMARTRE
Rue des Abbesses
Rue Durantin
Le Espace Salvador Dali
R. Berthe
Truffaut
La
R. de Bizerte
Nollet
Dames
Rue Biot
Clichy
Passage de Clichy
R. Caulain-
Av. Rachel
Théâtre 2.Anes
R. Cauchois
R. Lepic
R. Véron
R. R. Planquette
Théâtre
Sq. J. Rictus
Pl. des Abbesses
Mairie
Pl. R. Baret
R. Mariotte
R. Lécluse
R.Darcet
Bal du Moulin Rouge
Abbesses
Batignolles
des Puteaux
Gr. Loge
R. Caroline
Boulevard
Lycée Ferry
R. P. Haret
de Clichy
Blanche
Pl. Blanche
Mus. d. l'Erotisme
Pl. A. Max
Comédie
Théât.
R. G. Pilon
R. A. Antoine
R. Houdon
Th.Div. Monde
Univ.de Format. Maitres
des
Batignolles
Pl. de Clichy
R. de Bruxelles
R. de Calais
Rue Blanche
R. de
R. Mansart
R. Fromentin
R. Duperré
Pl. Pigalle
Pigalle
Rome
Rue
R. Clapeyron
R. de St-Petersbourg
R. d'Amsterdam
R. de
R. de Vintimille
Musée de la Vie Romantique
Douai
Lycée E.
1
2
3
4
5
144
136

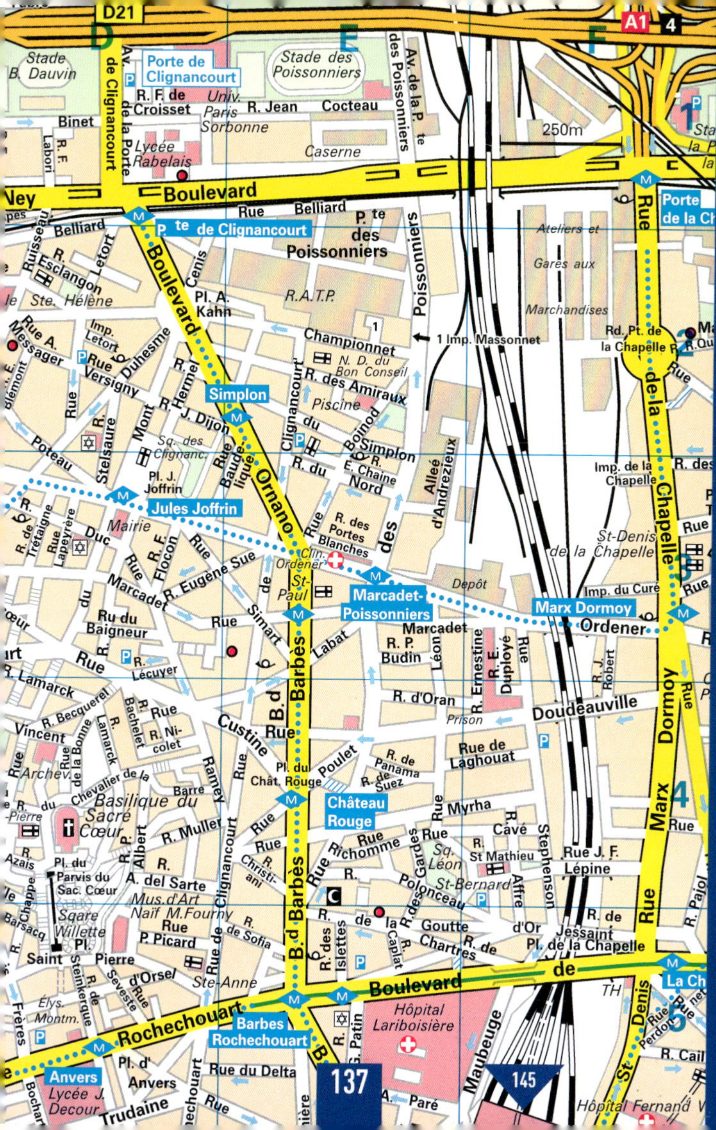
D21
A1
4
D
E
F
Stade B. Dauvin
Porte de Clignancourt
Av. de Clignancourt
Av. de la Porte
R. F. de Croisset
Univ. Paris Sorbonne
R. Jean Cocteau
Stade des Poissonniers
Caserne
Av. de la P.te des Poissonniers
250m
Binet
R. F. Labori
Lycée Rabelais
Ney
Boulevard
Rue Belliard
Belliard
P.te de Clignancourt
P.te des Poissonniers
Porte de la Ch
Ateliers et Gares aux Marchandises
R.A.T.P.
Ruisseau
R. Esclangon
Letort
Ste. Hélène
Boulevard Ornano
Cenis
Pl. A. Kahn
Championnet
1 Imp. Massonnet
Rd. Pt. de la Chapelle
Rue de la Chapelle
Rue A. Messager
Imp. Letort
Rue Versigny
Duhesme
R. Hermel
N. D. du Bon Conseil
R. des Amiraux
Simplon
Clignancourt
Piscine
Boinod
Poteau
Stelsaure
Mont
R. J. Dijon
Sq. des Clignanc.
Rue Baudelique
R. du Nord
E. Chaine
Allée d'Andrezieux
Imp. de la Chapelle
Pl. J. Joffrin
Jules Joffrin
Mairie
R. de Trétaigne
Rue Lapeyrère
Duc
R. F. Flocon
Rue Marcadet
R. Eugène Sue
Simart
R. des Portes Blanches
Rue des Poissonniers
Clin. Ordener
St-Paul
St-Denis de la Chapelle
Dépôt
Imp. du Curé
Marcadet-Poissonniers
Marx Dormoy
Ordener
Ru du Baigneur
R. Lécuyer
Rue Lamarck
Rue Labat
R. P. Budin
Léon
R. Ernestine
R. E. Duployé
Rue
R. J. Robert
Rue Marx Dormoy
R. Becquerel
Vincent
Rue de la Bonne
R. Lamarck
R. Bachelet
Rue R. Ni-colet
Custine
B.d Barbès
R. d'Oran
Prison
Doudeauville
Rue de Laghouat
R. de Panama
R. de Suez
Poulet
Pl. du Chât. Rouge
Château Rouge
Archev.
Chevalier de la Barre
Basilique du Sacré Cœur
Ramey
Myrha
R. Cavé
Stephenson
R. Muller
Rue Christiani
Rue Richomme
Rue des Gardes
Sq. Léon
R. St Mathieu
Rue J. F. Lépine
Pl. du Parvis du Sac. Cœur
R. P. Albert
R. A. del Sarte
Polonceau
St-Bernard
Affre
Mus. d'Art Naïf M. Fourny
Sqare Willette
R. de Sofia
Rue P. Picard
R. de la Goutte d'Or
R. des Islettes
Caplat
Chartres
R. de Jessaint
Pl. de la Chapelle
Saint Pierre
Steinkerque
Seveste
d'Orsel
Ste-Anne
Boulevard de Rochechouart
Boulevard de la Chapelle
TH
Rue St Denis
Rue Perdonnet
La Ch
Élys. Montm.
Barbes Rochechouart
Hôpital Lariboisière
Maubeuge
R. Patin
Anvers
Lycée J. Decour
Pl. d'Anvers
Trudaine
Rue du Delta
A. Paré
137
145
Hôpital Fernand W
R. Cail
R. Pajol
Frères
Bochar

A
B
C
1
2
3
4
A1
N301
4
5
Porte d'Aubervilliers
Porte de la Chapelle
St. Pierre et St. Paul
Charles
Hermite
R. J. Oberlé
Av. de la Porte
Rue
Émile
Bollaert
All. des Cardinoux
All. Pierre Mollaret
R. J. Duchesne
Secteur en Trava
Stade des Fillettes
Stade de la Porte de la Chapelle
R. C.
Lauth
R. G. Darboux
Rue
Ney
Boulevard
R. d'Aubervilliers
Entrepôts Macdonald
Porte de la Chapelle
Rue de la Chapelle
Z. A. Cap 18
R. Gaston Tessier
R. Curi
Curial
Pl. P. Mac Orlan
R.d.l. Croix-Moreau
Pt. de la Chapelle
R. Queneau
R.
All. R. Korsakov
R. Moussorgsky
l'Evangile
Piscine
Tristan Tzara
R. Jean Cottin
R. des Fillettes
Sq. P. Robin
R. Tchaïkovsky
Rue de
Boucry
Pl. Hébert
d'Aubervilliers
Rue
R. Labois Rouillon
Rue
Passage Wattieaux
Rue St-Luc
Rue de l'Ourcq
de
R. des Roses
L.E.P. du Bâtiment
R. R. Radiguet
Curial
Pas. de Crimée
C. Pottier
Passage Desgrais
Archereau
LA VIL
Rue de Crimée
Bazar Flandre
Pl. de Torcy
Rue
Marc
Rue Pajol
Séguin
Cugnot
Rue de Torcy
Villa Curial
Rue
Piscine
Mathis
Rue
R. de la Guadeloupe
R. Buzelin
Pompes Funèbres Municipales
Crimée
Rue
R. de
Imp.
Émile
Rue
Clin. Paris 18
Gare des Marchandises
Rue
Rue d'Aubervilliers
Rue
Sq. Riquet
All. d. Orgues de Flandre
Marché Riquet
R. Duvergier
Imp. des Anglais
Riquet
Riquet
Rue Dormoy
Rue Marx
Rue
Tanger
Rue de Rouen
P. ge de Flandre
Seine
Rue
N. D. des Foyers
Rue du
Pl. du Maroc
Rue Bellot
de
Maroc
Av. de Flandre
Quai de la
Villette
Bassin de la
R. E. Dehaynin
Rue
R. J. Kablé
R. Pajol
Rue Philippe
du
Département
Cimetière Israélite
R. de la Moselle
Laumière
Rue Caillé
Rue
Rue
Stalingrad
Quai de la
Rue
Chapelle
La Chapelle
Bd de la
Place de la Bataille de Stalingrad
P. ge de la Moselle
P. ge de Melun
Rue St. Denis
Rue Perdonnet
Rue de
Rotonde de la Villette
Piscine
Quai
Avenue
R. Lally Tollendal
Rue Armand
R. Cail
Lycée Colbert
Rue au Landon
R. Chaudron
Rue
Lycée H. Bergson
Fernand Widal
Louis
Martin
de
Jaurès
Marché Secrétan
Square des Bouleaux
Lycée
146
138

Porte de la Villette
Pl. Auguste Baron
D20
250m
D
E
F
1
2
3
4
5
Magenta
Rue Pasteur
Rue Davoust
Avenue Edouard Vaillant
Pl. de la Gare Marchandise
Rue du Chemin de Fer
Gare Routière Internationale
Canal
Quai du Lot
l'Allier
Av. de la P.te de la V.
Macdonald
Station
R. de la Clôture
R. du Débarcadère
Halle aux Cuirs
Rue Danton
Porte de La Villette
L.P.Techn. du Cirque
Galerie Basse
Place du Parvis
Cité des Sciences et de l'Industrie
Maison de la Villette
Corentin Cariou
Cambrai
Flandre
St Denis
Parc
Géode
Argonaute
Cinaxe
Galerie de l'Ourcq
Zénith
de la Villette
B.d Macdonald
Canal
R. de Sandicci
Route des Petits Ponts
Maison de Quar
Stade Jules Ladoumègue
Folie Jazz
Allée du Belvédère
Hall de la Chanson
Pav. du Charolais
Grande Halle
Pl. du Rd-Pt. des Canaux
Pavillon P. Delouvrier
All. du Zénith
Musée
Porte de Pantin
B.d Sérurier
Av. de la Porte de Pantin
Cité Admin.
Théâtre Paris-Villette
Cité de la Musique
Conservat. de Paris
Pl. de la Porte de Pantin
P. te de Pantin
Rue des
R. de la Marseillaise
R. Rouvet
R. Barbanègre
Rue de Nantes
l'Argonne
Gironde
Charente
Rue de l'Oise
Marne
Q. de Metz
Q. de la Garonne
Lycée
R. Thionville
R. des J. Kosma
R. A. Mille
R. Edgar Varèse
Av. du Nouveau Conservatoire
R. G. Tailleferre
Rue Delesseux
R. P. J. Jouve
Ardennes
Sq. du Diapason
Jaurès
Lyc.
Sente des Dorées
Allée A. Honegger
Rue Eugène Jumin
Sq. La Champmeslé
Rue du Hainaut
R. G. Thill
Rue de Lunéville
Ourcq
Rue de l'Ourcq
R. Léon Giraud
P.ge de Thionv.
R. Evette
Canal de l'Ourcq
R. du Lorraine
R. A. Danjon
Jean
Petit
All. de Fontainebleau
Rue Goubet
Milhaud
Manin
R. des Carrières d'Amérique
Av. de la Porte Chaumont
Rue Toulouse
Ambroise Rendu
R. de Périgueux
d'Indochine
Porte Brunet
R. des Marchais
Av. de la Porte Brunet
Cim. de la Villette
Darius
Pl. Francis Poulenc
Allée
St-Serge
Rue Meynadier
Mairie
Pl. A. Carrel
Rue Manin
Rue de la Solidarité
Rue d'Alsace-Lorraine
R. G. Pinot
Prévoyance
R. de la
Brunet
R. F.
Sérurier
Rue David d'Angers
Piscine
d'Hautpoul
Parc de la Butte du Chap. Rouge
Parc
Danube
1 Impasse Grimaud
2 Rue Blanche Antoinette
3 Rue Paul Verlaine

147

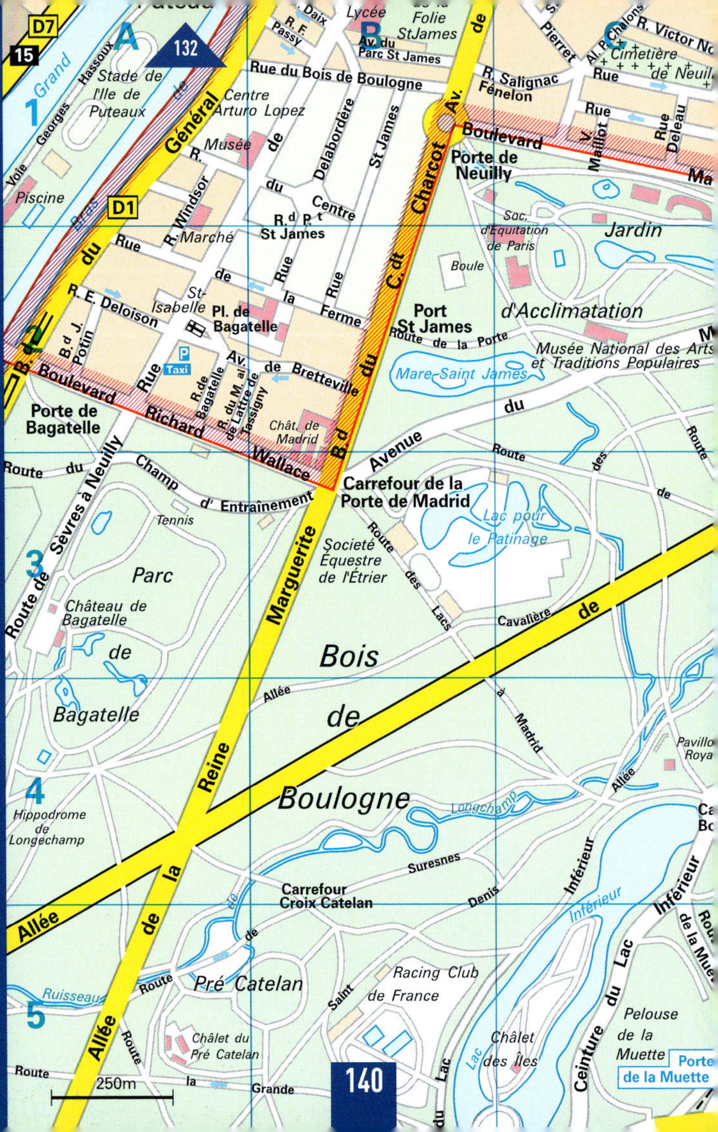

D7
15
A
132
B
C
1
2
3
4
5
Grand
Bras
Hassoux
Georges
Voie
Stade de l'Ile de Puteaux
Piscine
D1
Général
du
Centre Arturo Lopez
Musée
R. Windsor
Marché
R. F. Passy
Daix
Lycée
Folie StJames
Av. du Parc St James
Rue du Bois de Boulogne
Rue de la Ferme
Delabordère
St James
Rd Pt St James
Rue du Centre
Rue de Longchamp
C.dt Charcot
Av.
Boulevard du
R. Salignac Fénelon
Pierret
Al. P. Chalons
R. Victor Noir
Cimetière de Neuilly
Rue Maillot
Rue Deleau
Boulevard Maillot
Porte de Neuilly
Soc. d'Equitation de Paris
Boule
Jardin d'Acclimatation
Port St James
Route de la Porte
Musée National des Arts et Traditions Populaires
Mare Saint James
St-Isabelle
R. E. Deloison
Pl. de Bagatelle
Bd J. Potin
Bd du
P
Taxi
Rue
R. de Bagatelle
R. du M. al de Lattre de Tassigny
Av. de Bretteville
Boulevard Richard Wallace
Porte de Bagatelle
Bd
Chât. de Madrid
Avenue du
Route du Champ d' Entraînement
Carrefour de la Porte de Madrid
Route de Sèvres à Neuilly
Tennis
Parc de Bagatelle
Château de Bagatelle
Société Equestre de l'Étrier
Route des Lacs
Lac pour le Patinage
Route des
Route de
Route
Cavalière
Allée de la Reine Marguerite
Bois de Boulogne
Allée
Allée de Longchamp
à Madrid
Allée
Pavillon Royal
Hippodrome de Longechamp
Longchamp
Suresnes
Carrefour Croix Catelan
Denis
Inférieur
Route de Suresnes
Saint
Racing Club de France
Pré Catelan
Ruisseau
Route
Châlet du Pré Catelan
Route de la Grande
Châlet des Îles
Lac
Lac Inférieur
Ceinture du Lac
Pelouse de la Muette
Porte de la Muette
Route de la Muette
250m
140

D
E
F
133
1
3
4
5
7
16
Les Sablons
Porte des Sablons
Carrefour des Sablons
Bois de Boulogne
Route de la Porte des Sablons à la Porte Maillot
Route de la Petite Dauphine à la Porte des Sablons
Mare d'Armenonville
Pavillon d'Armenonville
Ch. du Pavillon d'Armenonville
Longchamp
Porte Maillot
Pl. de la Pte Maillot
Palais des Congrès
Porte des Ternes
Neuilly-Pte Maillot
Av. de la Grande Armée
B.d A. Maurois
B.d Maillot
B.d Pershing
Av. de Malakoff
Square A. et R. Parodi
R. du G. Anselin
Bd. T. de Martel
Bruix
Sq. Anna de Noailles
Stade J. P. Wilmille
B.d de l'Amiral
Square de l'Av. Foch
Villa Saïd
R. Lalo
R. Marbeau
Villa Dupont
R. Weber
R. Berlioz
R. L. Pichat
Rue Piccini
Pergolèse
Clin. A. Pergolèse
Rue Duret
Porte Dauphine
Pl. du M al de Lattre de Tassigny
P. te Dauphine
Avenue
Musée Arménien
Musée d'Ennery
Pl. du Chancelier Adenauer
Pl. du Paraguay
Musée de la Contrefaçon
Av. Foch
Bugeaud
Pl. Victor Hugo
Victor Hugo
Université Paris IX
Av. de Pologne
Av. Maréchal Fayolle
Piscine
Lannes
Flandrin
R. du Gal Appert
Faisanderie
Spontini
Rue Benouville
St-Albert Le-Grand
R. Mérimée
R. E. Ménier
Rue des Belles Feuilles
Académie de Chirurgie Dentaire
Pl. J. Monnet
Sap. Pompiers
Raymond Poincaré
Marché Saint Honoré d'Eylau
Caserne
Pl. de Mexico
R. de Longchamp
Lycée Janson de Sailly
Av. de Montespan
Villa Herran
Sqre Lamartine
Rue de la Pompe
Decamps
R. Greuze
Av. d'Eylau
Place du Trocadéro et du 11 Novembre
Trocadéro
Av. Georges Mandel
Min. de l'Environnement
Pl. Henri Martin
Avenue Henri Martin
R. Dufrénoy
R. de Montevideo
R. de Lota
Clin. Spontini
Chantemesse
R. G. Philipe
Av. L. Barthou
Stade Alex I de Yougoslavie
Place de Colombie
Boul. Lannes
Tattegrain
Mairie 16.E Arr.
Taxi
RER
M
P
141

A
B
C
1
2
3
4
5
134
148
TERNES
CHAILLOT
Pl. du G.al Koenig
Pershing
Porte des Ternes
Palais des Congrès
Maillot
Pl. de la P.te Maillot
Porte Maillot
Neuilly-P.te Maillot
Avenue des Ternes
Av. de Verzy
Guersant
Tristan Bernard
Sq. Bayen
Pl. A. Maillart
Hôpital Marmottan
St Ferdinand
St Thérèse
Place St Ferdinand
R. St Ferdinand
Espace Wagram
Pl. des Ternes
Ternes
Av. de Wagram
Bd. de Courcelles
R. Rennequin
R. Poncelet
R. Fourcroy
Av. Mac Mahon
Av. Carnot
Av. Grande Armée
Argentine
Pl. Y. et Cl. Morandat
1 R. Anatole de la Forge
Av. des Acacias
R. de Tilsitt
Ch. de Gaulle Étoile
Arc de Triomphe
Place Charles de Gaulle
Av. Foch
Av. de Malakoff
Pergolèse
Clin. A. Pergolèse
Av. Victor Hugo
Victor Hugo
Pl. Victor Hugo
Musée Arménien
Musée d'Ennery
Musée Dapper
Clin. V. Hugo
Av. Kléber
Kléber
Centre de Conférences Internationales
Réservoir de Passy
R. Copernic
Nouv. Église St Honoré d'Eylau
St Honoré d'Eylau
Sap. Pompiers
Marché
Caserne
Pl. de Mexico
R. de Longchamp
Boissière
R. Lauriston
Av. d'Iéna
Av. Marceau
Av. des Champs
Air France
R. Galilée
Pl. de l'Uruguay
Pl. H. Dunant
R. Bassano
R. Quentin Bauchart
Pl. des États-Unis
Musée Baccarat
Lycée Assomption
Pl. Amiral de Grasse
Clin. Bizet
Musée de Stylo
St Pierre de Chaillot
St Etienne
Pl. P. Brisson
Av. Pierre 1er de Serbie
Palais Galliera
Musée Guimet
Pl. M. Dietrich
Pl. d'Iéna
Iéna
Av. du Prés. Wilson
Pl. de Tokyo
Palais de Tokyo
Musée d'Art Moderne
Av. de New York
Conseil Économique et Social
Union de l'Europe Occidentale
Trocadéro
Place du Trocadéro et du 11 Novembre
Bd. Delessert
Av. Paul Doumer
Av. Georges Mandel
Av. Raymond Poincaré
Cimetière
Excurs. en bateau
P.t de l'Alma
250m
Taxi
RER

17
WAGRAM
Avenue de Villiers
Boulevard de Courcelles
Malesherbes
Boulevard Malesherbes
Monceau
Courcelles
Villiers
Rome
Europe
Parc Monceau
Musée Nissim de Camondo
Mus. Cernuschi
Pl. de la République Dominicaine
Pl. P. Goubaux
Lycée Chaptal
Mairie du 8E Arr.
St Augustin
Boulevard Haussmann
Musée Jacquemart André
Miromesnil
St Ph. du Roule
St Philippe du Roule
Salle Gaveau
Rue du Faubourg St Honoré
Min. de l' Interieur
Palais de l'Élysée
St Michael's English Ch.
Théât. Madeleine
Franklin D. Roosevelt
Rond Point des Champs Elysées
Champs Elysées Clemenceau
Concorde
Hôtel Crillon
Avenue Gabriel
Espace Pierre Cardin
Place de la Concorde
Obelisque de Luxor
Grand Palais
Palais de la Découverte
Petit Palais
Théâtre du Rond Point
TH Marigny
Av. Montaigne
Church of Scotland
N.D.de Consolation
Cours Albert 1er
Cours la Reine
Port de la Conférence
Port du Gros Caillou
Port des Champs Elysées
Seine
Quai
Pont de la Concorde
Pont des Invalides
Invalides
Taxi
8
135
143
149

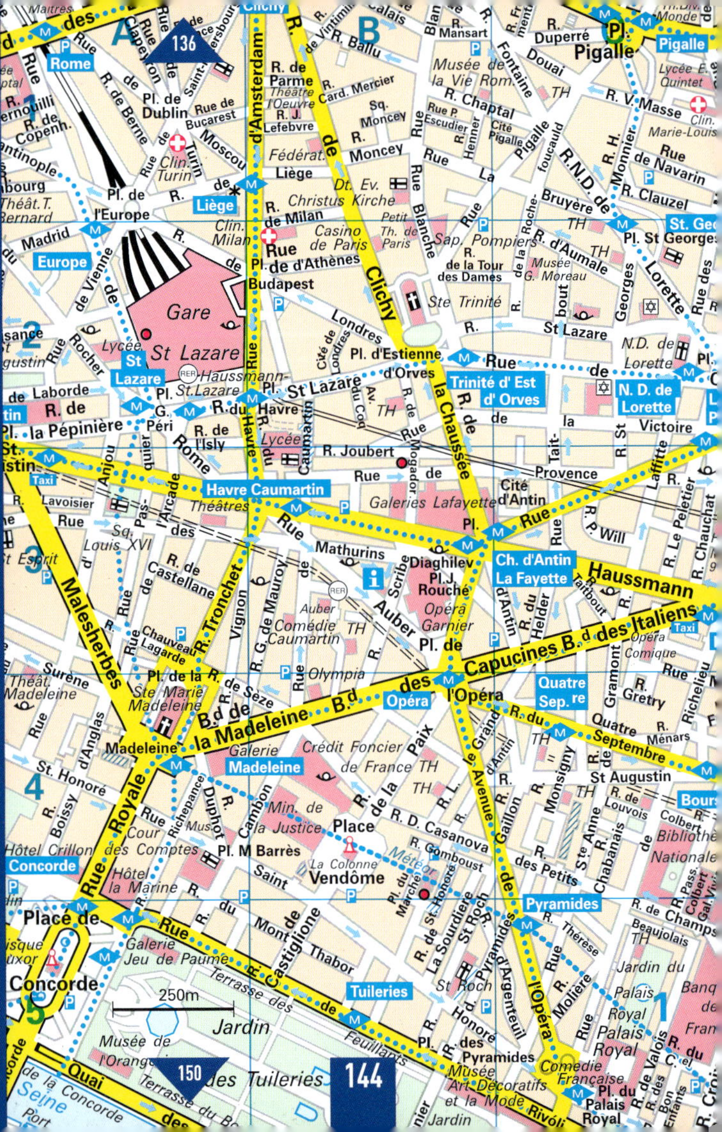
A
B
1
2
3
4
5
Rome
Europe
St Lazare
Liège
Pigalle
St. Georges
Trinité d' Est d' Orves
N. D. de Lorette
Havre Caumartin
Ch. d'Antin La Fayette
Opéra
Quatre Sep. re
Madeleine
Concorde
Pyramides
Tuileries
Pl. de Dublin
Rue de Bucarest
Pl. de l'Europe
R. de Madrid
R. de Londres
R. d'Amsterdam
R. de Clichy
R. de Milan
Pl. d'Estienne d'Orves
Pl. St Georges
Rue St Lazare
Pl. St.Lazare
Gare St Lazare
Haussmann-St.Lazare
Rue du Havre
R. Joubert
Rue de Provence
Galeries Lafayette
Cité d'Antin
Bd Haussmann
Pl. Diaghilev
Pl.J. Rouché
Opéra Garnier
Pl. de l'Opéra
Bd des Capucines
B. d des Italiens
Opéra Comique
Rue Tronchet
R. Vignon
Rue Auber
Rue des Mathurins
Rue Scribe
Bd Malesherbes
Pl. de la Madeleine
Ste Marie Madeleine
Bd de la Madeleine
Rue Royale
St. Honoré
Place Vendôme
La Colonne Vendôme
Min. de la Justice
Crédit Foncier de France
R. de la Paix
Avenue de l'Opéra
R. du Quatre Septembre
St Augustin
Bibliothèque Nationale
Jardin du Palais Royal
Palais Royal
Comédie Française
Pl. du Palais Royal
Rue de Rivoli
Musée Art Décoratifs et la Mode
Pl. des Pyramides
St Roch
Rue de Castiglione
Rue du Mont Thabor
Rue Saint Honoré
Place de la Concorde
Hôtel Crillon
Hôtel la Marine
Galerie Jeu de Paume
Terrasse des Feuillants
Jardin des Tuileries
Musée de l'Orangerie
Quai de la Concorde
Seine
250m
Rue de Rome
R. de Turin
Rue de Moscou
R. de Parme
Théâtre l'Oeuvre
Sq. Moncey
Rue Blanche
Rue Chaptal
Musée de la Vie Rom.
R. Fontaine
R. Duperré
Rue Douai
R. V. Masse
Rue de Navarin
R. Clauzel
R. la Bruyère
R. N.D. de Lorette
Rue de la Victoire
Casino de Paris
Christus Kirche
Ste Trinité
Musée G. Moreau
N.D. de Lorette
Rue de la Chaussée d'Antin
Lycée
Théâtres
Sq. Louis XVI
R. de Castellane
R. Chauveau Lagarde
Comédie Caumartin
Olympia
Rue Duphot
R. Cambon
R. Gaillon
Rue Monsigny
Rue Ste Anne
Rue Richelieu
Rue Molière
R. d'Argenteuil
R. de Louvois
Rue des Petits Champs
Gal. Vivienne
Pl. M Barrès
Cour des Comptes
Rue Boissy d'Anglas
R. Lavoisier
R. de la Pépinière
R. de Laborde
R. de l'Isly
R. Vignon
R. Le Peletier
R. Laffitte
R. Chauchat
Rue Drouot
R. Gramont
R. Grétry
R. Ménars
R. Colbert
136
150

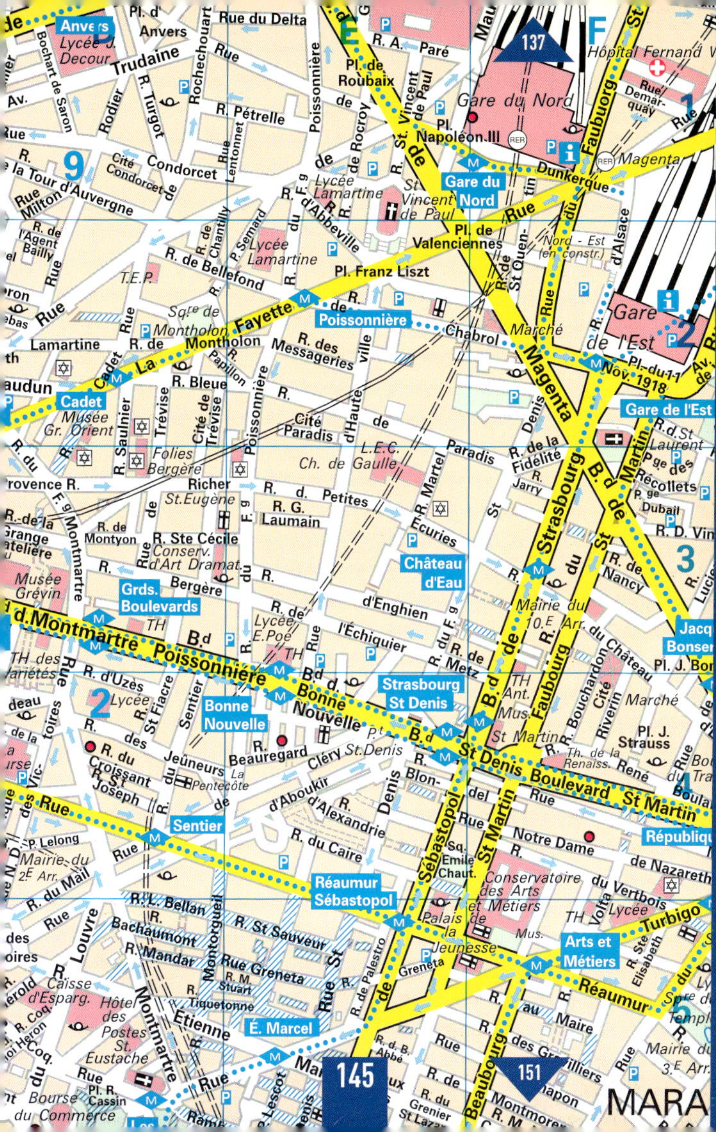

137
151
145
E
F
1
2
3
4
5
9
Anvers
Lycée J. Decour
Trudaine
Rue du Delta
Rochechouart
R. Pétrelle
Rodier
R. Turgot
Bochart de Saron
Condorcet
Cité Condorcet
R. de la Tour d'Auvergne
Rue Milton
Rue Lentonnet
Poissonnière
Lycée Lamartine
R. de Rocroy
R. d'Abbeville
St Vincent de Paul
Pl. de Roubaix
R. A. Paré
Gare du Nord
Pl. Napoléon III
Hôpital Fernand Widal
Rue Demarquay
Magenta
Dunkerque
Gare du Nord
Pl. de Valenciennes
Pl. Franz Liszt
Rue La Fayette
R. de Bellefond
T.E.P.
R. de l'Agent Bailly
Sq. re de Montholon
R. de Montholon
Lamartine
Cadet
Musée Gr. Orient
Trévise
Cité de Trévise
R. Bleue
Papillon
R. des Messageries
Poissonnière
R. de Chabrol
Marché
Nord - Est (en constr.)
R. d'Alsace
Gare de l'Est
Pl. du 11 Nov. 1918
Gare de l'Est
Bd de Magenta
Bd de Strasbourg
R. du Faubourg St Martin
R. de la Fidélité
R. Jarry
Cité Paradis
R. de Paradis
L.E.C. Ch. de Gaulle
R. d'Hauteville
Folies Bergère
R. Saulnier
R. Richer
St.Eugène
R. G. Laumain
R. d. Petites Écuries
R. Martel
R. de Montyon
R. Ste Cécile
Conserv. d'Art Dramat.
R. Bergère
Château d'Eau
R. d'Enghien
R. de l'Échiquier
R. de Metz
Musée Grévin
Grds. Boulevards
Bd. Montmartre
Bd Poissonnière
Bd de Bonne Nouvelle
Lycée E.Poé
Strasbourg St Denis
Mairie du 10.E Arr.
R. du Château d'Eau
R. de Nancy
R. d'Uzès
Lycée
R. des Jeûneurs
R. du Croissant
R. St Joseph
Bonne Nouvelle
R. Beauregard
R. de Cléry
Pte St.Denis
Bd St Denis
Boulevard St Martin
R. Blondel
R. Bouchardon
Cité Riverin
Marché
Pl. J. Strauss
R. René Boulanger
Th. de la Renaiss.
Sentier
R. d'Aboukir
R. d'Alexandrie
R. du Caire
Réaumur Sébastopol
Bd de Sébastopol
R. St Martin
R. Notre Dame de Nazareth
République
Sq. Emile Chaut.
Conservatoire des Arts et Métiers
Palais de la Jeunesse
R. du Vertbois
Lycée Turbigo
Arts et Métiers
R. Réaumur
R. Ste Elisabeth
Mairie du 2.E Arr.
R. du Mail
R. L. Bellan
R. Bachaumont
R. Mandar
R. St Sauveur
Rue Greneta
R. Tiquetonne
Rue Étienne Marcel
É. Marcel
R. de Palestro
Caisse d'Esparg.
Hôtel des Postes
St. Eustache
Pl. R. Cassin
Bourse du Commerce
Rue Montmartre
Rue Montorgueil
Rue du Louvre
Lescot
R. au Maire
R. des Gravilliers
R. Chapon
R. de Montmorency
Mairie du 3.E Arr.
MARAIS

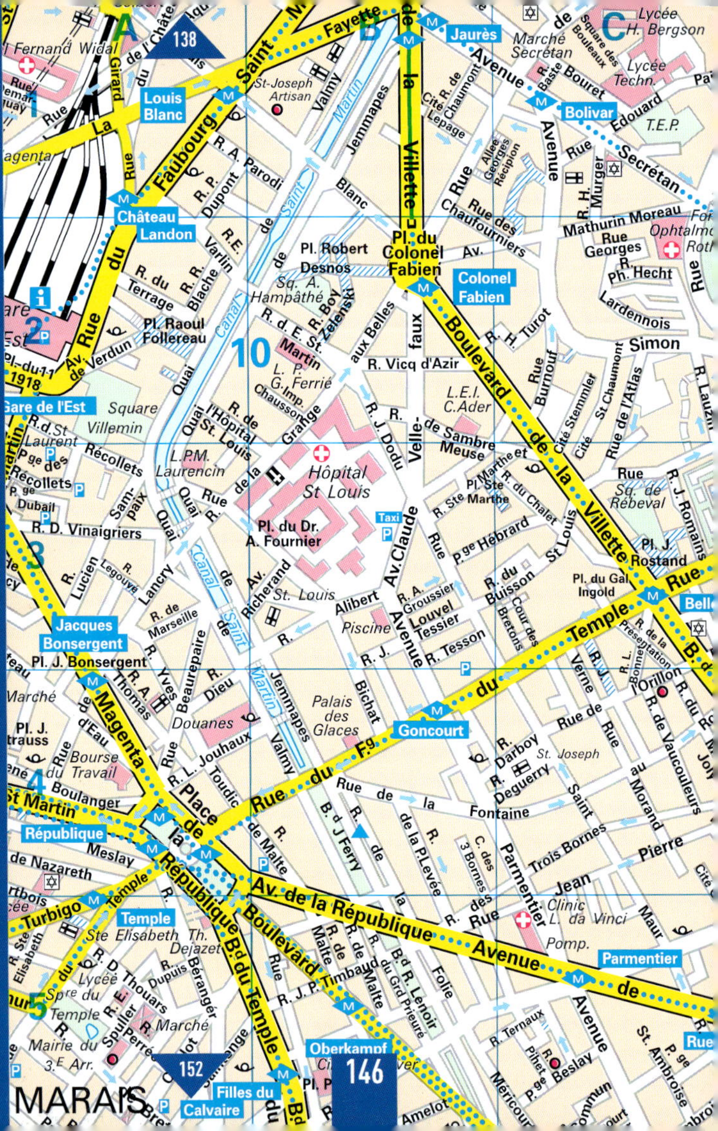

A
B
C
138
1
2
3
4
5
10
Fernand Widal
Rue de Château-Landon
Louis Blanc
Faubourg Saint-Denis
Rue La Fayette
St-Joseph Artisan
Valmy
Jemmapes
Canal Saint-Martin
Quai de Valmy
Quai de Jemmapes
Rue de la Villette
Jaurès
Marché Secrétan
Avenue Secrétan
Square des Bouleaux
Lycée H. Bergson
Lycée Techn.
Rue Edouard Pailleron
T.E.P.
R. Baste
Bolivar
Avenue Simon Bolivar
Rue Bouret
R. de Chaumont
Cité Lepage
Allée Georges Récipon
Rue Mathurin Moreau
Rue H. Murger
Rue Georges
R. Ph. Hecht
Fond. Ophtalm. Rothschild
Rue Lardennois
Rue Simon
Rue des Chaufourniers
Château Landon
Gare de l'Est
Rue du Faubourg Saint-Martin
R. A. Parodi
R. P. Dupont
R. E. Varlin
R. du Terrage
R. R. Blache
Pl. Raoul Follereau
Av. de Verdun
Pl. du 11 Nov. 1918
Pl. Robert Desnos
Sq. A. Hampâthé
R. Boy Zelenski
R. d. E. St. Martin
L. P. G. Ferrié
Imp. Chausson
Pl. du Colonel Fabien
Colonel Fabien
Av. Mathurin Moreau
Boulevard de la Villette
R. H. Turot
Rue Burnouf
Cité Stemmler
St Chaumont
Rue de l'Atlas
R. Lauzin
R. Vicq d'Azir
Rue Grange aux Belles
Rue du faubourg du Temple
L.E.I. C.Ader
R. de Sambre et Meuse
Square Villemin
R. d. St Laurent
P. ge des Récollets
Récollets
P. ge Dubail
R. D. Vinaigriers
Sam-paix
L.P.M. Laurencin
R. de l'Hôpital St. Louis
Rue de la Grange aux Belles
Hôpital St Louis
R. J. Dodu
Rue Vellefaux
Pl. Ste Marthe
R. Ste Marthe
R. du Chalet
Rue Sq. de Rébeval
R. J. Romains
Pl. du Dr. A. Fournier
Taxi
Av. Claude Vellefaux
P. ge Hébrard
R. du Buisson St Louis
Cour des Bretons
Pl. J. Rostand
Pl. du Gal Ingold
Belleville
R. Lucien Legouvé
R. Lancry
Rue de Marseille
Av. Richerand
St. Louis
Alibert
R. A. Groussier
Louvel Tessier
R. Tesson
Piscine
R. J. Verne
R. de la Présentation
R. L. Bonnet
Orillon
Jacques Bonsergent
Pl. J. Bonsergent
Château d'Eau
Marché
R. A. Thomas
R. Yves Toudic
Beaurepaire
R. Dieu
Douanes
Palais des Glaces
Bichat
Goncourt
Rue du Temple
R. Darboy
R. Deguerry
St. Joseph
Rue Saint Maur
R. de Vaucouleurs
Pl. J. Strauss
Bourse du Travail
Rue Boulanger
Magenta
Rue L. Jouhaux
Rue du Fg. du Temple
Place de la République
Rue de la Fontaine au Roi
Rue Morand
St Martin
République
Meslay
de Nazareth
R. J. Ferry
R. de Malte
R. de la P. Levée
C. des 3 Bornes
Rue des Trois Bornes
Rue Jean Pierre Timbaud
Parmentier
Turbigo
Temple
Ste Elisabeth
Th. Dejazet
R. Dupuis
Béranger
Boulevard du Temple
Av. de la République
Boulevard Voltaire
R. de Malte
B. d R. Lenoir
du Grd Prieuré
Rue de la Folie Méricourt
Clinic L. da Vinci
Pomp.
Avenue de la République
Avenue Parmentier
Lycée
Spre du Temple
R. E. Spuller
R. D. Thouars
R. Perrée
Marché
Mairie du 3.E Arr.
R. Ternaux
R. Pihet
P. ge Beslay
P. ge St. Ambroise
Oberkampf
152
146
MARAIS
Filles du Calvaire
Amelot
Commun

D
E
F
1 Impasse Grimaud
2 Rue Blanche Antoinette
3 Rue Paul Verlaine
Parc de la Butte du Chap. Rouge
250m
139
Danube
Piscine
Parc des Buttes Chaumont
Botzaris
Buttes Chaumont
Taxi
Rue du Plateau
Réservoirs des Buttes Chaumont
Rue de l'Encheval
R. M. Hidalgo
Rue du Gal
R. de la Liberté
R. de l'Egalité
Rue St-François d'Assise
Mouzaia
R. A. Aulard
R. de Bellevue
Rue E. Cotton
Lilas
St Gervais
Rue Carducci
Rue des Alouettes
Pass. du Plateau
R. Hassard
Rue des Solitaires
Rue Fessart
Rue Pradier
R. des Annelets
R. Arthur Rozier
Crimée
Compans
Pl. des Fêtes
R. A. Thierry
Coll. G. Bude
Lycée Hôtelière
R. H. Ribière
Rue du Pré
Docteur Potain
R. E. Desvaux
R. du
Télégraphe
Jourdain
Rue Delouvain
V. de l'Adour
Mélingue
Palestine
Rue Clavel
E.R.E.A. J.Jaures
Bolivar
Rébeval
Pl. Fréhel
Pyrénées
BELLEVILLE
Rue Levert
R. F. Lemaître
R. du Soleil
Olivier Métra
V. O. Métra
Villa Pelleport
Pass. du Télégraphe
R. J.-B. Dumay
R. du Jourdain
Rue des Envierges
R. des Couronnes
Rue du Transvaal
R. Piat
Rue de la Mare
Rue des Cascades
Rue Emmery
l'Ermitage
V. de l'Ermitage
R. du Guignier
Rigoles
R. de l'Est
R. Ch. Friedel
R. d. Pavillons
Pixérécourt
R. de la Duée
Sq. de Ménilmontant
Rue Deverié
Parc de Belleville
Ramponeau
Julien Lacroix
Tourtille
Bisson
R. Vilin
Couronnes
Allée G. Rouault
R. J. Lacroix
N.D. de la Croix
R. H. Chevreau
Pl. de Ménilmontant
Ménilmontant
Square Pierre Seghers
R. Jakubowicz
R. de l'Isle Adam
Rue du Retrait
R. L. Savart
Rue Boyer
R. d'Annam
Villiers
R. du Cambodge
R. du Pressoir
R. des Maronites
R. Étienne Dolet
P. M. Chevalier
R. Delaitre
Rue Panoyaux
TH
Sq. E. Borey
Lycée T. M. Nadaud
Rue de la Bidassoa
Sorbier
Pl. H. Matisse
R. Soleillet
R. des Partants
R. Robineau
Gambetta
Pl. Gambetta
Th. Nat. de la Colline
Boulevard de Belleville
Ménilmontant
Oberkampf
C. Dumal
C. l'Avenir
Pge de Ménilmontant
R. des Bluets
R. des Nanettes
Av. J. Aicard
Ec. Sup. de Com.
Lycée Voltaire
République
Rue des Cendriers
R. Max Ernst
R. des Amandiers
Rue de Tlemcen
Duris
R. Houdart
R. F. Léger
Pl. M. Nadaud
Samuel Champlain
Crématorium
153
147

142

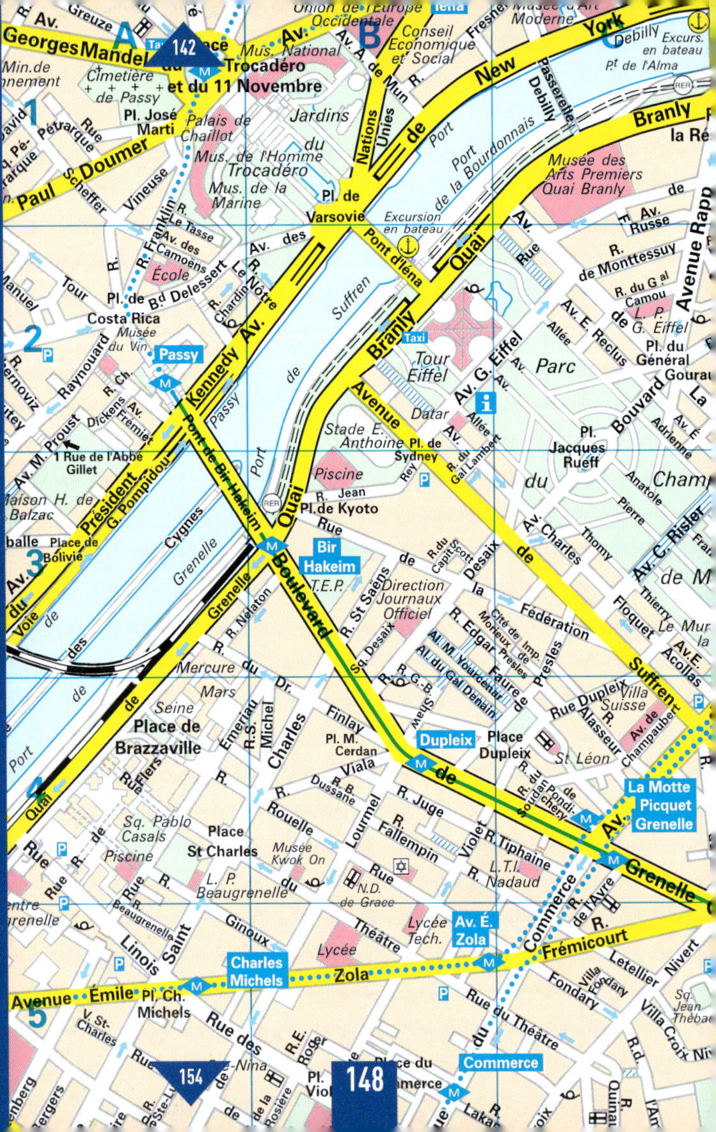
A
B
C
1
2
3
4
5
Av. Georges Mandel
Greuze
Union de l'Europe Occidentale
Conseil Économique et Social
Musée d'Art Moderne
Av. de New York
Debilly
Excurs. en bateau
Pt de l'Alma
RER
Min. de
Cimetière de Passy
Pl. du Trocadéro et du 11 Novembre
Mus. National
Av. A. de Mun
Av. des Nations Unies
Jardins du Trocadéro
Palais de Chaillot
Mus. de l'Homme
Mus. de la Marine
Pl. José Marti
Rue Pétrarque
Av. Paul Doumer
Rue Scheffer
Rue Vineuse
R. Franklin
R. Le Tasse
Av. des Camoëns
École
R. de Passy
Pl. de Varsovie
Port Debilly
Passerelle Debilly
Port de la Bourdonnais
Quai Branly
Musée des Arts Premiers Quai Branly
Av. Rapp
Av. de la Bourdonnais
Excursion en bateau
Pont d'Iéna
Av. des Nations
R. Chardin
R. Le Nôtre
Bd Delessert
Pl. de Costa Rica
Musée du Vin
Passy
R. Raynouard
R. Ch. Dickens
Av. Frémiet
Av. du Président Kennedy
Port de Suffren
Quai Branly
Taxi
Tour Eiffel
Av. G. Eiffel
Parc du Champ de Mars
R. de Monttessuy
Av. Russe
R. du Gal Camou
L. P. G. Eiffel
Av. E. Reclus
Pl. du Général Gouraud
Av. Bouvard
Av. Adrienne
Pl. Jacques Rueff
Allée Datar
Allée Av. Gal Lambert
Stade E. Anthoine
Pl. de Sydney
R. Rey
R. du Gal Lambert
Piscine
R. Jean Rey
Pl. de Kyoto
Quai Branly
RER
Rue Proust
Av. M. Proust
1 Rue de l'Abbé Gillet
Maison H. de Balzac
Av. du Président Kennedy
Voie G. Pompidou
Pont de Bir Hakeim
Port de Passy
Place de Bolivie
Allée des Cygnes
Port de Grenelle
Bir Hakeim
T.E.P.
Boulevard de Grenelle
Rue de la Fédération
R. Desaix
R. du Capit. Scott
Av. Charles Floquet
Av. de Suffren
R. Anatole
Pierre
Thomy
Av. C. Risler
Thierry
Le Mur
Av. E. Acollas
Direction Journaux Officiel
R. St Saëns
Sq. Desaix
R. Nélaton
Quai de Grenelle
R. Edgar Faure
Cité de Morieux
Imp. de Presles
Al. M. Yourcenar
Al. du Gal Denain
R. de Presles
R. G.-B. Shaw
Rue Dupleix
Villa Suisse
R. Alasseur
Av. de Champaubert
Place Dupleix
Dupleix
St Léon
Rue du Dr. Finlay
Pl. M. Cerdan
R. Viala
R. Mercure
Mars
Seine
Place de Brazzaville
R. Emeriau
R. S. Michel
R. Charles Michels
Rue de Flers
R. Dussane
R. B.
R. du Soudan
R. de Pondichéry
La Motte Picquet Grenelle
Av. de la Motte Picquet
Sq. Pablo Casals
Place St Charles
Rue Rouelle
R. Juge
R. Fallempin
R. Violet
R. Tiphaine
L.T.I.
R. Nadaud
Piscine
L. P. Beaugrenelle
Musée Kwok On
Rue Lourmel
Rue du Théâtre
N.D. de Grace
Lycée Tech.
Lycée
Av. É. Zola
Rue du Commerce
R. de l'Avre
Bd de Grenelle
Rue Ginoux
R. Beaugrenelle
Rue Linois
Rue Saint Charles
Centre Beaugrenelle
Quai de Grenelle
Charles Michels
Avenue Émile Zola
R. Frémicourt
R. Letellier
R. Nivert
Villa Fondary
R. Fondary
Sq. Jean Thébaud
Villa Croix Nivert
R. Quinault
Pl. Ch. Michels
V. St-Charles
Rue des Ste-Nina
R.E. Roger
R. de la Rosière
Pl. Viol
Place du Commerce
Commerce
Rue du Commerce
R. Lakanal
Rue du Théâtre
Port de Grenelle

154

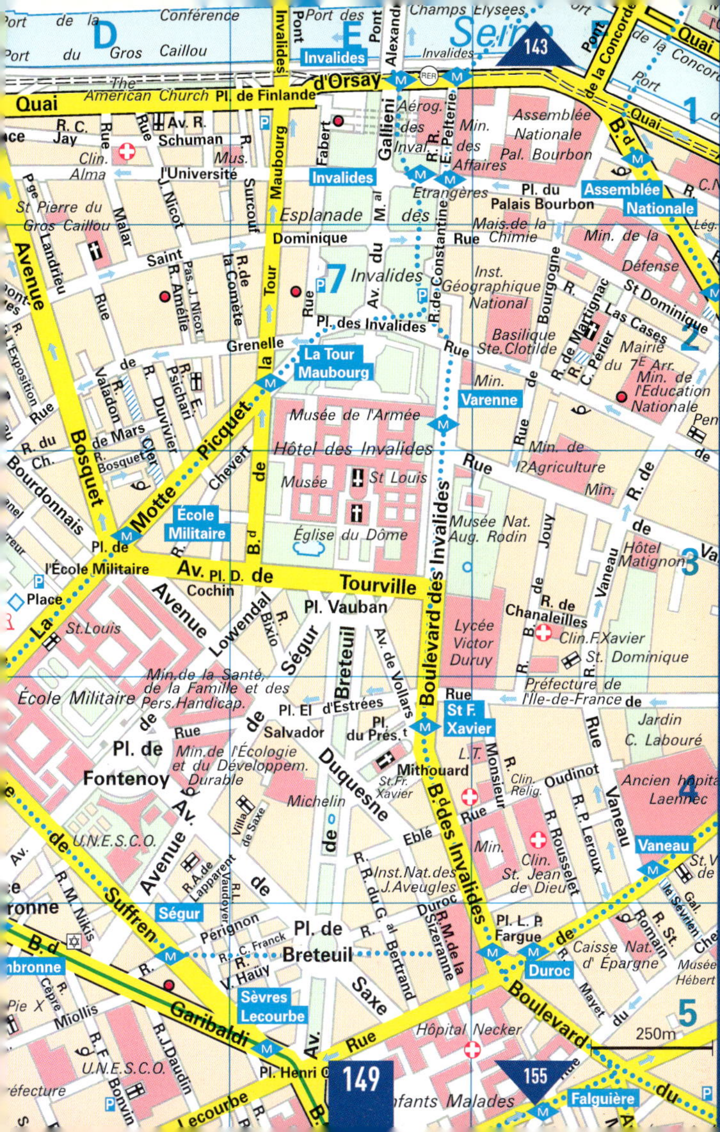

Port de la Conférence
Port du Gros Caillou
D
E
Port des Invalides
Pont Alexandre III
Champs Elysées
Seine
143
Pont de la Concorde
Quai de la Concorde
Port
1
Invalides
Quai d'Orsay
The American Church
Pl. de Finlande
Av. R. Schuman
R. C. Jay
Rue de l'Université
Clin. Alma
Mus.
R. Surcouf
Maubourg
Fabert
Aérog. des Inval.
Gallieni
R. R. Esnault-Pelterie
Min. des Affaires Etrangères
Assemblée Nationale
Pal. Bourbon
Pl. du Palais Bourbon
Assemblée Nationale
B.d
Esplanade des Invalides
St Pierre du Gros Caillou
Pge Landrieu
Malar
J. Nicot
Rue Saint Dominique
Mais.de la Chimie
Min. de la Défense
St Dominique
Las Cases
Avenue Bosquet
R. Amélie
Pas. J. Nicot
R.de la Comète
Tour
Maubourg
7
Invalides
Av. du M.al
R.de Constantine
Inst. Géographique National
Basilique Ste.Clotilde
Bourgogne
R. de Martignac
R. C. Perier
Mairie du 7E Arr.
Min. de l'Education Nationale
2
Pl. des Invalides
Rue Grenelle
La Tour Maubourg
R. de l'Exposition
Rue de Valadon
R. Duvivier
R. E. Psichari
Av. de la Motte Picquet
Varenne
Min.
Musée de l'Armée
Hôtel des Invalides
Musée
St Louis
Rue de Varenne
Min. de l'?Agriculture
Min.
R. du Ch. de Mars
R. Bosquet
R. Cler
Chevert
B.d de la Tour Maubourg
Bourdonnais
École Militaire
Église du Dôme
Musée Nat. Aug. Rodin
R. de Babylone
Jouy
Hôtel Matignon
Vaneau
3
Pl. de l'École Militaire
Av. Pl. D. de Tourville
Cochin
Place
La
St.Louis
Avenue de Lowendal
R. Bixio
Ségur
Pl. Vauban
Av. de Breteuil
Av. de Villars
Boulevard des Invalides
Lycée Victor Duruy
R. de Chanaleilles
B.
Clin.F.Xavier
St. Dominique
Préfecture de l'Ile-de-France
Min.de la Santé, de la Famille et des Pers.Handicap.
École Militaire
Pl. El d'Estrées
Pl. du Prés.t Mithouard
Rue de Babylone
St F. Xavier
Jardin C. Labouré
Pl. de Fontenoy
Rue de Salvador
Min.de l'Écologie et du Développem. Durable
Duquesne
Michelin
St.Fr. Xavier
L.T.
R. Monsieur
Clin. Relig.
Oudinot
Rue Vaneau
Ancien hôpital Laennec
4
Av. de Suffren
U.N.E.S.C.O.
Villa de Saxe
Eble
B.d des Invalides
Min.
Clin. St. Jean de Dieu
R. Rousselet
R. P. Leroux
Vaneau
St.V de
R.A.de Lapparent
R.I. Vaudoyer
Av. de Ségur
R. M. Nikis
Ségur
Pérignon
R. C. Franck
R. V. Haüy
Pl. de Breteuil
Av. de Saxe
R. du G.al Bertrand
Inst.Nat.des J.Aveugles
Duroc
R.M.de la Sizeranne
Pl. L. P. Fargue
Duroc
Caisse Nat. d' Épargne
R. St. Romain
Gal. le Sévrien
Musée Hébert
R. Mayet
Rue de Sèvres
B.d
Cambronne
R. Cèpre
Pie X
Miollis
R.F. Bonvin
R.J.Daudin
U.N.E.S.C.O.
Préfecture
Garibaldi
Sèvres Lecourbe
Rue Lecourbe
Pl. Henri
Av.
Hôpital Necker
Enfants Malades
Boulevard du Montparnasse
155
250m
Falguière
5

ST GERMAIN DE PRÉS
Seine
Quai des Tuileries
Port des Tuileries
Quai Anatole France
Quai Voltaire
Quai Malaquais
Quai François Mitterand
Quai de Conti
Boulevard Saint Germain
Boulevard Raspail
Rue de Rennes
Rue de Sèvres
Rue de Vaugirard
Rue de Varenne
Rue de Babylone
Rue de l'Université
Rue Jacob
Rue Bonaparte
Rue des Saints Pères
Rue du Bac
Rue de Grenelle
Rue de Lille
Rue de Verneuil
Rue de Bellechasse
Rue de Poitiers
Rue de Beaune
Rue Mazarine
Rue de Seine
Rue Madame
Rue du Cherche Midi
Rue de Fleurus
Rue Guynemer
Pont Royal
Pont du Carrousel
Pont des Arts
Passerelle Solférino
Musée de l'Orangerie
Jardin des Tuileries
Musée d'Orsay
Musée du Louvre
Palais Royal Musée d. Louvre
Pl. du Carrousel
La Pyramide
Palais du Louvre
Jardin de l'Infante
Comédie Française
Pl. du Palais Royal
Le Louvre des Antiquaires
Musée Art Décoratifs et la Mode
Institut de France
Hôtel des Monnaies
Ecole Nat. des Beaux Arts
Pl. St Thomas d'Aquin
E.N.A.
Univ. Paris V
Pl. St Germain des Prés
Musée Delacroix
Musée Maillol
Hôtel Matignon
Fond. Sciences Polit.
Square Chaise Récamier
Pl. Le Corbusier
Sèvres Babylone
Jardin C. Labouré
Square Boucicaut
Ancien hôpital Laennec
St Sulpice
Pl. St Sulpice
Mairie du 6E Arr.
Inst. Catholique de Paris
Mus. de Luxembourg
Palais du Luxembourg (Sénat)
Jardin du Luxembourg
Mus. de Minéralogie
Alliance Française
Pl. de l'Odéon
Pl. P. Claudel
Mabillon
Rennes
St Placide
N.-D. des Champs
Vaneau
Solférino
Rue du Bac
Assemblée Nationale
Collège Stanislas
144
156

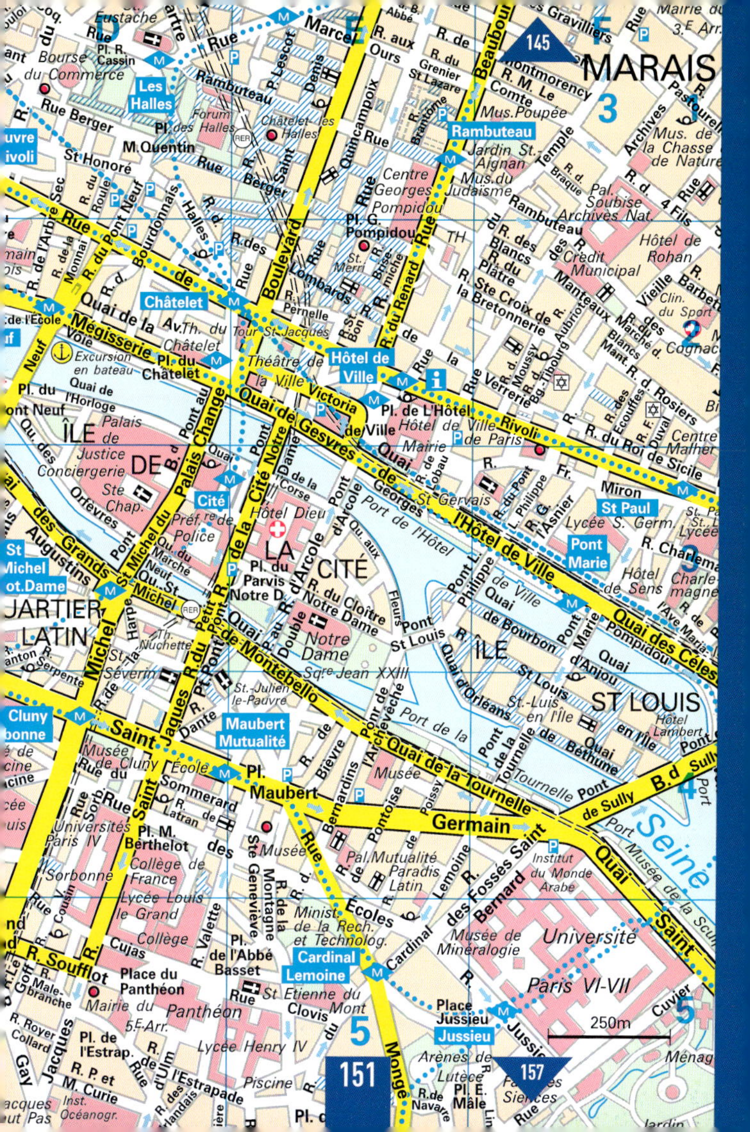

145
MARAIS
Les Halles
Bourse du Commerce
Rue Berger
Pl. R. Cassin
St Eustache
Rambuteau
Forum des Halles
Châtelet-les Halles
Pl. des Halles
M. Quentin
St Honoré
Rue Berger
P. Lescot
R. St Denis
Rue Quincampoix
Beaubourg
Rambuteau
Centre Georges Pompidou
Pl. G. Pompidou
St. Merri
Mus. Poupée
Jardin St.-Aignan
Mus. du Judaïsme
R. M. Le Comte
Montmorency
R. du Grenier St Lazare
R. Brantôme
Temple
Archives
Mus. de la Chasse et de la Nature
Pal. Soubise
Archives Nat.
Hôtel de Rohan
Crédit Municipal
R. des Francs Bourgeois
Vieille du Temple
Clin. du Sport
Rue des Archives
R. Ste Croix de la Bretonnerie
Rue de la Verrerie
Rue du Renard
Lombards
Boulevard de Sébastopol
Châtelet
Quai de la Mégisserie
Av. Victoria
Th. du Châtelet
Tour St-Jacques
Théâtre de la Ville
Pl. du Châtelet
Excursion en bateau
Hôtel de Ville
Pl. de l'Hôtel de Ville
Hôtel de Ville de Paris
Mairie
Rivoli
R. du Roi de Sicile
R. des Rosiers
Centre Malher
St Paul
Miron
Lycée S. Germ.
Pont Neuf
Pl. du Pont Neuf
Quai de l'Horloge
ÎLE DE LA CITÉ
Palais de Justice
Conciergerie
Ste Chap.
Pont au Change
B.d du Palais
Quai de Gesvres
Quai de l'Hôtel de Ville
Port de l'Hôtel de Ville
Cité
Préf. de Police
Hôtel Dieu
LA CITÉ
Pl. du Parvis Notre D.
Notre Dame
R. du Cloître Notre Dame
Pont d'Arcole
Pont Notre Dame
Pont Louis Philippe
Pont Marie
Hôtel de Sens
Charlemagne
Quai des Célestins
Pompidou
Quai de Bourbon
ÎLE ST LOUIS
Quai d'Anjou
St Louis en l'Île
Hôtel Lambert
Quai d'Orléans
Quai de Béthune
Pont St Louis
Sq. Jean XXIII
Pont de l'Archevêché
Port de la Tournelle
Pont de la Tournelle
Pont de Sully
B.d Sully
Seine
Quai des Grands Augustins
St Michel Not. Dame
QUARTIER LATIN
Quai St Michel
Petit Pont
Quai de Montebello
St. Séverin
Th. Huchette
St.-Julien le-Pauvre
R. Dante
Maubert Mutualité
Pl. Maubert
Cluny Sorbonne
Musée de Cluny
Saint Germain
Quai de la Tournelle
Institut du Monde Arabe
Quai Saint Bernard
Musée de la Sculpture
Bd Saint Michel
Rue St Jacques
Rue du Sommerard
Universités Paris IV
Pl. M. Berthelot
Collège de France
Sorbonne
Lycée Louis le Grand
Collège
R. Cujas
R. Soufflot
Place du Panthéon
Mairie du 5E Arr.
Panthéon
Rue Valette
Pl. de l'Abbé Basset
St Etienne du Mont
Rue Clovis
Lycée Henry IV
Ste Geneviève
Montagne
Musée
Pal. Mutualité
Paradis Latin
R. Lemoine
R. des Fossés Saint Bernard
Écoles
Minist. de la Rech. et Technolog.
Cardinal Lemoine
Musée de Minéralogie
Université Paris VI-VII
Place Jussieu
Jussieu
Cuvier
250m
Arènes de Lutèce
Pl. E. Mâle
R. de Navarre
Monge
Pl. de l'Estrap.
R. P. et M. Curie
Inst. Océanogr.
R. d'Ulm
R. de l'Estrapade
Piscine
Ménagerie
Jardin
151
157

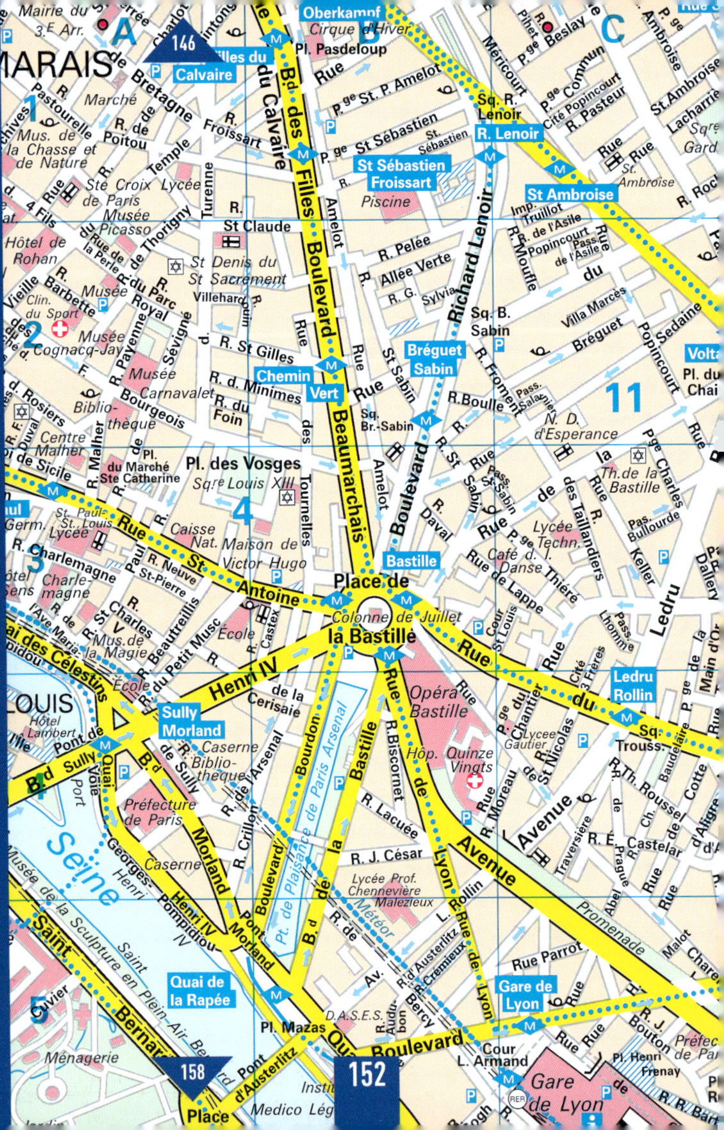
146
158
A
B
C
1
2
3
4
5
11
MARAIS
Mairie du 3.E Arr.
Oberkampf
Cirque d'Hiver
Pl. Pasdeloup
Filles du Calvaire
Bd. des Filles du Calvaire
Marché
R. de Bretagne
R. Pastourelle
R. de Poitou
R. Froissart
Mus. de la Chasse et de Nature
Temple
Turenne
Ste Croix de Paris
Lycée
Musée Picasso
R. de Thorigny
St Claude
St Denis du St Sacrement
Hôtel de Rohan
R. Vieille du Temple
R. Barbette
Musée
R. du Parc Royal
Clin. du Sport
Musée Cognacq-Jay
R. Payenne
Sévigné
R. St Gilles
Musée Carnavalet
R. des Minimes
R. du Foin
Chemin Vert
Bibliothèque
Bourgeois
R. des Rosiers
R. F. Duval
Centre Malher
R. Malher
Pl. du Marché Ste Catherine
R. de Sicile
Pl. des Vosges
Sq.re Louis XIII
Tournelles
Maison de Victor Hugo
Caisse Nat.
St. Paul- St. Louis
Lycée
St Paul
R. Charlemagne
Hôtel de Sens
R. Neuve St-Pierre
Rue St Antoine
R. St Charles
Mus. de la Magie
R. Beautreillis
R. du Petit Musc
École
R. Castex
Quai des Célestins
Hôtel Lambert
Île St Louis
Pont de Sully
Bd Sully
Sully Morland
Bd Henri IV
R. de la Cerisaie
Caserne
Bibliothèque
Préfecture de Paris
Voie Georges-Pompidou
Port Henri IV
Seine
Bd Morland
Pont Morland
R. Crillon
R. de l'Arsenal
Bd Bourdon
Pt. de Plaisance de Paris Arsenal
Bd de la Bastille
Quai de la Rapée
Pl. Mazas
Musée de la Sculpture en Plein-Air
Quai Saint Bernard
Cuvier
Ménagerie
Pont d'Austerlitz
Place
Institut Medico Légal
D.A.S.E.S.
Boulevard
Rue St. P. Amelot
P.ge St. Pierre Amelot
St Sébastien Froissart
P.ge St Sébastien
Piscine
Rue Amelot
R. Pelée
Allée Verte
R. G. Sylvia
Bd Richard Lenoir
Bréguet Sabin
Sq. Br.-Sabin
R. St Sabin
Boulevard Beaumarchais
Bastille
Place de la Bastille
Colonne de Juillet
Opéra Bastille
Rue de Lyon
R. Biscornet
R. Lacuée
R. J. César
Lycée Prof. Chennevière Malezieux
Météor
Av. Ledru Rollin
R. de Bercy
R. Crémieux
R. d'Austerlitz
Gare de Lyon
Cour L. Armand
Gare de Lyon
Pl. Henri Frenay
Préfecture de Paris
Boulevard Diderot
Rue Parrot
Avenue Daumesnil
Promenade Plantée
Hôp. Quinze Vingts
R. Moreau
Avenue Ledru Rollin
Lycée Gautier
P.ge du Chantier
R. St Nicolas
Traversière
Rue de Prague
R. Abel
R. Th. Roussel
R. É. Castelar
R. Ch. Baudelaire
Rue de Cotte
Rue d'Aligre
Sq. Trouss.
Rue du Fg St Antoine
Cité 3 Frères
Pass. L'homme
Ledru Rollin
Lycée Techn.
Café d. l. Danse
Rue de Lappe
Rue de la Roquette
Cour St Louis
R. Daval
R. Thiéré
des Taillandiers
R. Keller
Pas. Bullourde
Th.de la Bastille
P.ge Charles Dallery
N. D. d'Esperance
R. Froment
Pass. Salarnier
R.Boulle
11
Villa Marcès
Bréguet
Popincourt
Sedaine
R. du Chemin Vert
Imp. Truillot
R. de l'Asile Popincourt
Pass. de l'Asile
R. Mouffle
Sq. B. Sabin
St Ambroise
Rue St Ambroise
St. Ambroise
R. Lenoir
Sq. R. Lenoir
P.ge Piver
R. Beslay
Méricourt
P.ge Commun
Cité Popincourt
R. Pasteur
R. Lacharrière
Sq.re Gard
R. Rochebrune
P.ge St Ambroise
Voltaire
Pl. du Chai
Main d'Or
P.ge de la Main d'Or
Malot
Charenton

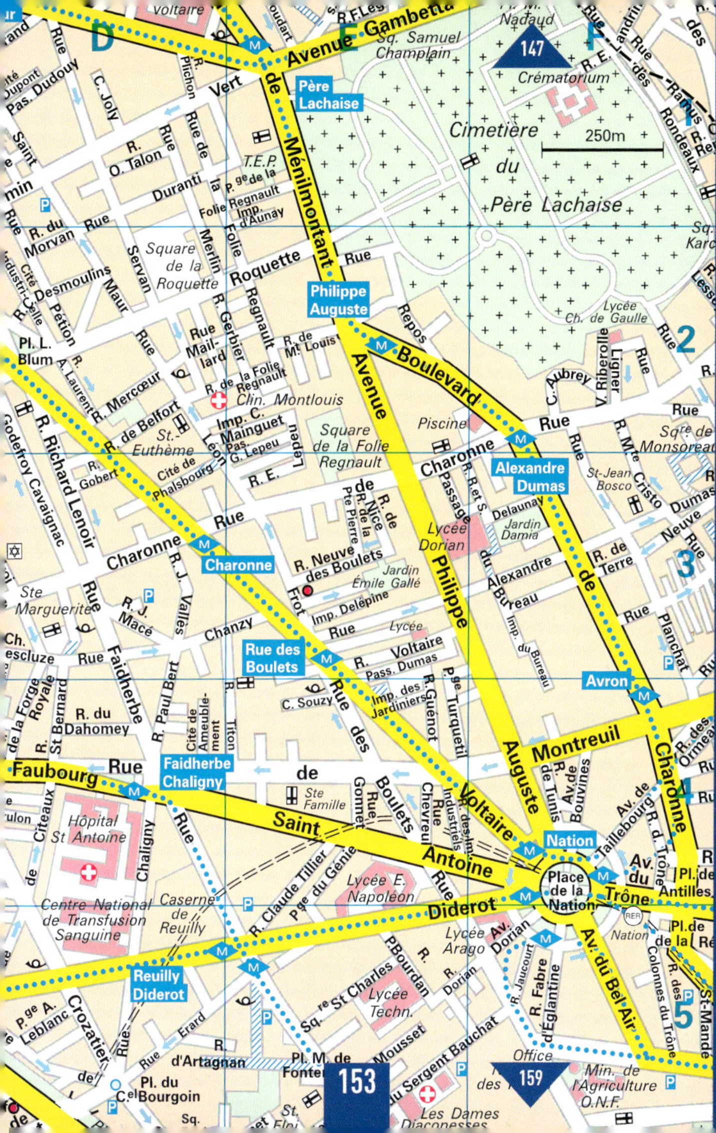

Avenue Gambetta
Sq. Samuel Champlain
147
Crématorium
Cimetière du Père Lachaise
250m
Père Lachaise
Rue Vert
Pas. Dudouy
C. Joly
R. O. Talon
Rue Duranti
T.E.P.
Folie Regnault
Imp. d'Aunay
Rue de Ménilmontant
Rue Saint-Maur
R. du Morvan
Square de la Roquette
Rue Servan
Rue Merlin
Rue Folie Regnault
Rue de la Roquette
Philippe Auguste
Repos
Lycée Ch. de Gaulle
Desmoulins
Pétion
Pl. L. Blum
R. A. Laurent
R. Mercœur
Rue Mail-lard
R. Gerbier
Regnault
R. de Mt Louis
Boulevard
C. Aubrey
V. Riberolle
Ligner
R. de la Folie Regnault
Clin. Montlouis
R. de Belfort
St-Euthème
Imp. C. Mainguet
Pas. G. Lepeu
Léon
Lepeu
Square de la Folie Regnault
Piscine
Rue de Charonne
Alexandre Dumas
Sqre de Monsoreau
St-Jean Bosco
R. Mte Cristo
Rue Dumas
Neuve
R. Godefroy Cavaignac
R. Richard Lenoir
R. Gobert
Cité de Phalsbourg
R. E.
Pte Pierre
R. de Nice
R. de la
R. Ret S.
Passage
Delaunay
Jardin Damia
Lycée Dorian
R. de Terre
Rue Alexandre Dumas
Rue de Charonne
Charonne
R. Neuve des Boulets
Jardin Émile Gallé
Frot
Ste Marguerite
R. J. Vallès
R. J. Macé
Imp. Delépine
Imp. du Bureau
Bureau
Rue Planchat
Ch. escluze
Rue Chanzy
Rue Voltaire
Lycée
Pass. Dumas
Rue des Boulets
Avron
Rue Faidherbe
R. de la Forge Royale
R. St Bernard
R. du Dahomey
R. Paul Bert
Cité de l'Ameublement
R. Titon
C. Souzy
Imp. des Jardiniers
R. Guénot
P.ge Turquetil
Rue de Montreuil
R. de Tunis
Av. de Bouvines
R. des Ormeaux
Faubourg Saint Antoine
Faidherbe Chaligny
Ste Famille
Rue Gonnet
Boulets
Rue Chevreul
Industriels
Voltaire
Auguste
Av. Taillebourg
R. d. Trône
Nation
Place de la Nation
Av. du Trône
Pl. des Antilles
Citeaux
Hôpital St Antoine
Chaligny
Rue Claude Tillier
P.ge du Génie
Lycée E. Napoléon
Rue Diderot
Centre National de Transfusion Sanguine
Caserne de Reuilly
Lycée Arago
Av. Dorian
R. Jaucourt
R. Fabre d'Églantine
Av. du Bel Air
Pl. de la Ré...
Colonnes du Trône
Reuilly Diderot
P.ge A. Leblanc
Crozatier
Rue Erard
R. d'Artagnan
Pl. M. de Fontenay
Sq. St Charles
Lycée Techn.
P. Bourdan
R. Dorian
Mousset
du Sergent Bauchat
Office
159
Min. de l'Agriculture O.N.F.
Les Dames Diaconesses
Pl. du Cel Bourgoin
Sq.
St-Mandé

GRENELLE
15
148
154
A
B
C
2
3
4
5
Commerce
Place du Commerce
Pl. Violet
Sq.re Violet
Ste-Nina
Rue Lakanal
Rue Croix
Rue des Entrepreneurs
Rue de l'Eglise
Pl. E. Pernet
Félix Faure
Av. Félix Faure
Boucicault
Lourmel
Rue de la Convention
Convention
Rue Lecourbe
Rue de Vaugirard
Rue Desnouettes
Rue de la Croix Nivert
Lycée
R. Péclet
R. Mademoiselle
Square St Lambert
Pl. Hubert Monmarché
Mairie du 15E Arr.
Pl. et Sq. A. Chérioux
Rue Blomet
Rue de l'Abbé Groult
Rue Javel
R. Th. Renaudot
R. Ch. Lecocq
Rue de l'Abbé
R. Maublanc
R. Bausset
R. Gerbert
R. E. Fabre
Clinic St.Jean de Dieu
R. A. Chartier
R. F. Mouthon
R. E. Milon
Rue St Lambert
Rue Feuquières
R. du Clos
R. Th. Deck
St-Félicité
Pl. H. Rollet
R. Olier
Hôpital Vaugirard G. Pallez
Hôpital St Michel
Pass. O. de Serres
Rue Olivier de Serres
R. Lériche
R. Gibez
R. V. Duruy
R. Jobbé Duval
Rue Dombasle
Dantzig
N.D. de la Salette
Objets Trouvés
Four. Municipale
Parc Georges Brassens
Théatre Silvia Monfort
R. Lindet
Rue de la Saïda
Rue des Périchaux
Sq. des Périchaux
Boulevard Lefebvre
P.te de Plaisance
Pl. A. Gordini
Porte de la Plaine
Stade Ch. Rigoulot
Sq. du Dr. Calmette
Rue Albert
Rue Bartholomé
R. J. Sicard
R. A. Mercié
Av. de la Porte Brancion
Porte Brancion
TH. Piscine
R. G. Boissier
R. Th. Dangin
Av. de la Porte de la Plaine
Rue de la Recherche
Rue d. la Banque
Av. du Commerce
Av. E. Martel
Paris Expo
P.te de Versailles
Boulevard Victor
Av. E. Renan
Rue Ernest Renan
Palais des Sports
R. des Techniques
Porte d'Issy les Moulineaux
R. de la Porte d'Issy
École
Sq. des Varennes
Rue Oradour sur Glane
Rue du Quatre Septembre
R. C. Matrat
Av. de l'Industrie
Pl. des Insurgés de Varsovie
Rue du Moulin
Rue Victor Hugo
Rue Louis Comte
R. E. Baudouin
Rue Michelet
C.N.E.D.
R. Firmin Gillot
R. Lacretelle
R. Vaugelas
R. P. Mille
R. de Cadix
R. du Hameau
Rue Nivert
Rue de Gama
R. Vasco
Jardin Pavois
Lycée Tech. Louis Armand
Cim. de Vaugirard
Thoréton
R. Maridor
V. Fr. Mistral
R. J. Duranton
R. de Plélo
Varet
R. Lourmel
Rue Cévennes
Rue Charles
Rue de la Rosière
R. de Ste-Lucie
Rue Bergers
Rue Lacordaire
R. O. Roty
R. F. Magisson
R. H. Bocquillon
R. des F. Morane
R. J. Simon
R. L. Delhomme
R. F. Villon
R. Quinault
R. L'Amiral Roussin
R.L. Lhermitte
R. J. Hachette
R. Vasco de Gama

D
E
F
149
U.N.E.S.C.O.
Pl. Henri Queuille
Enfants Malades
Falguière
Lecourbe
Lycée Buffon
Lycée
Musée Bourdelle
École
R. A. Bourdelle
Pl. Bienvenue
Pasteur
Piscine
Sq. Blomet
Hôpital Pasteur
Volontaires
Vaugirard
Musée de la Poste
Bd de Vaugirard
Gare Montparnasse 1
Tour Montparnasse
Hôpital St. Jacques
Institut Pasteur
Square Necker
Jardin Atlantique
Montparnasse 2 (Pasteur) Gare TGV
Musée Pasteur
Rue du Cotentin
Pl. des 5 Martyrs du Lycée Buffon
Mont-parnasse 3 (Vaugirard)
Gaîté
Pl. W. Maillon
Kandinsky
Sq. P. A. Dalpayrat
SNCF
Pl. de Catalogne
Hôp. Bellan
Pl. d'Alleray
Rue d'Alleray
Pl. Falguière
Jardin Alleray
Pl. de Séoul
Square de l'Abbé Lemire
Rue de Vouillé
Pl. du G.al Monclar
Pernety
Clin. A. Labrouste
Rue Raymond Losserand
Plaisance
Sq. Losserand Suisses
Pal. de Justice
Sq. F. Bazille
N.D. du Rosaire
Hôpital St. Joseph
Hôpital Broussais
Porte de Vanves
Pl. de la Porte de Vanves
Porte Didot
N.D. de Bon Secours
250m
R. G. Bruno
Villa Brune
R. A. Cain
Lycée
3
4
5

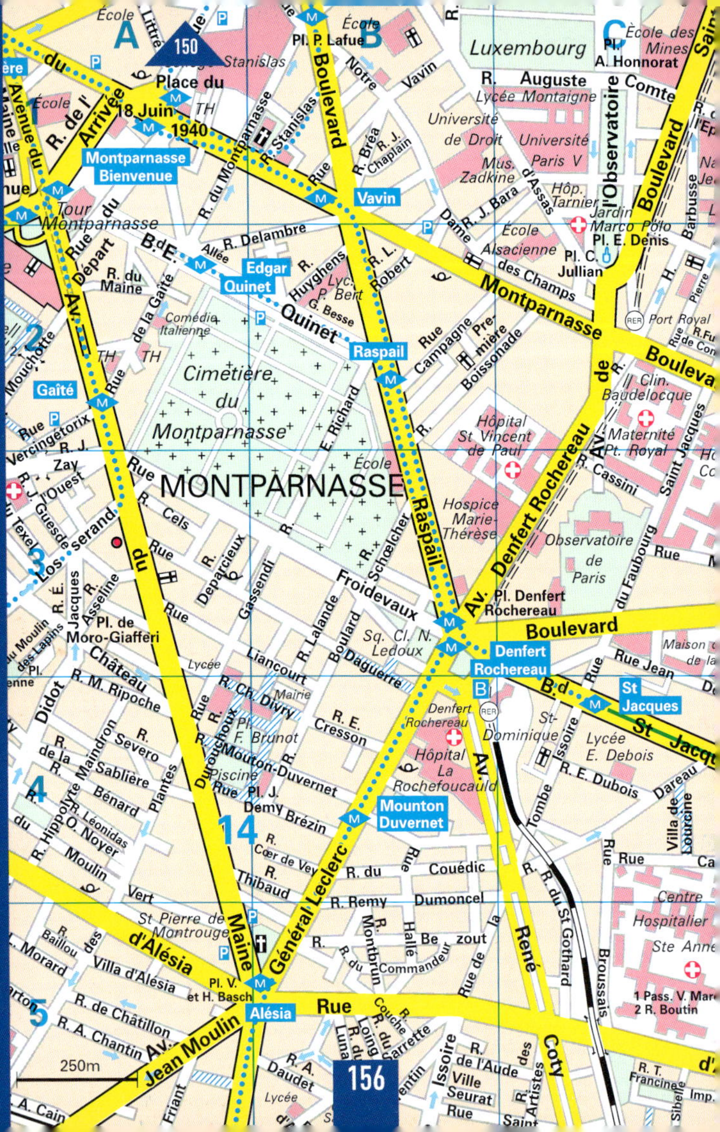

150
A
B
C
1
2
3
4
5
14
MONTPARNASSE
Luxembourg
Cimetière du Montparnasse
Place du 18 Juin 1940
Montparnasse Bienvenue
Tour Montparnasse
Vavin
Edgar Quinet
Raspail
Gaîté
Denfert Rochereau
St Jacques
Mounton Duvernet
Alésia
Pl. P. Lafue
Boulevard Raspail
Boulevard du Montparnasse
Av. du Maine
R. de l'Arrivée
R. du Départ
Rue du Montparnasse
R. Stanislas
Rue Notre Dame des Champs
R. Vavin
R. Bréa
R. J. Chaplain
R. Auguste Comte
Lycée Montaigne
Université de Droit
Université Paris V
Mus. Zadkine
R. J. Bara
Av. de l'Observatoire
Hôp. Tarnier
Jardin Marco Polo
Pl. E. Denis
École Alsacienne
Pl. C. Jullian
Boulevard de Port Royal
Port Royal
R. Delambre
B.d E. Quinet
R. Huyghens
Lyc. P. Bert
G. Besse
R. L. Robert
Rue Campagne Première
R. Boissonade
R. du Maine
R. de la Gaîté
Comédia Italienne
Rue Vercingétorix
R. J. Zay
R. de l'Ouest
R. J. Guesde
R. Los serand
Rue Cels
Rue Deparcieux
R. Gassendi
R. E. Richard
R. Schœlcher
Rue Froidevaux
R. Lalande
R. Boulard
Sq. Cl. N. Ledoux
Rue Daguerre
Hôpital St Vincent de Paul
Hospice Marie-Thérèse
Av. Denfert Rochereau
Clin. Baudelocque
Maternité Pt. Royal
R. Cassini
Observatoire de Paris
Rue du Faubourg Saint Jacques
Pl. Denfert Rochereau
Boulevard St Jacques
Maison de la
Rue Jean Dolent
R. Asseline
Pl. de Moro-Giafferi
Rue du Château
R. M. Ripoche
Didot
R. Liancourt
R. Ch. Divry
Mairie
Pl. F. Brunot
Piscine
Rue Durouchoux
Rue Mouton-Duvernet
R. E. Cresson
Pl. J. Demy
Rue Brézin
Denfert Rochereau
Hôpital La Rochefoucauld
St-Dominique
Lycée E. Debois
R. E. Dubois
Rue Dareau
Villa de Lourcine
Tombe Issoire
R. Severo
R. de la Sablière
R. Bénard
R. des Plantes
R. Hippolyte Maindron
R. Léonidas
R. O. Noyer
Rue du Moulin Vert
R. Cœr de Vey
R. Thibaud
R. du Couédic
R. Remy Dumoncel
R. Montbrun
R. Hallé
Rue Bezout
R. du Commandeur
Rue de la Tombe Issoire
Av. René Coty
R. du St Gothard
Rue Broussais
Centre Hospitalier Ste Anne
1 Pass. V. Marc
2 R. Boutin
St Pierre de Montrouge
Rue d'Alésia
Villa d'Alésia
R. Baillou
R. des Morard
R. de Châtillon
R. A. Chantin
Pl. V. et H. Basch
Av. Général Leclerc
Av. Jean Moulin
R. A. Daudet
Lycée
R. Friant
R. A. Cain
R. du Couche
R. Long
R. de Ventin
R. Sarrette
Rue de l'Aude
Villa Seurat
R. des Artistes
R. T. Francine
Sibelle
Imp.
250m

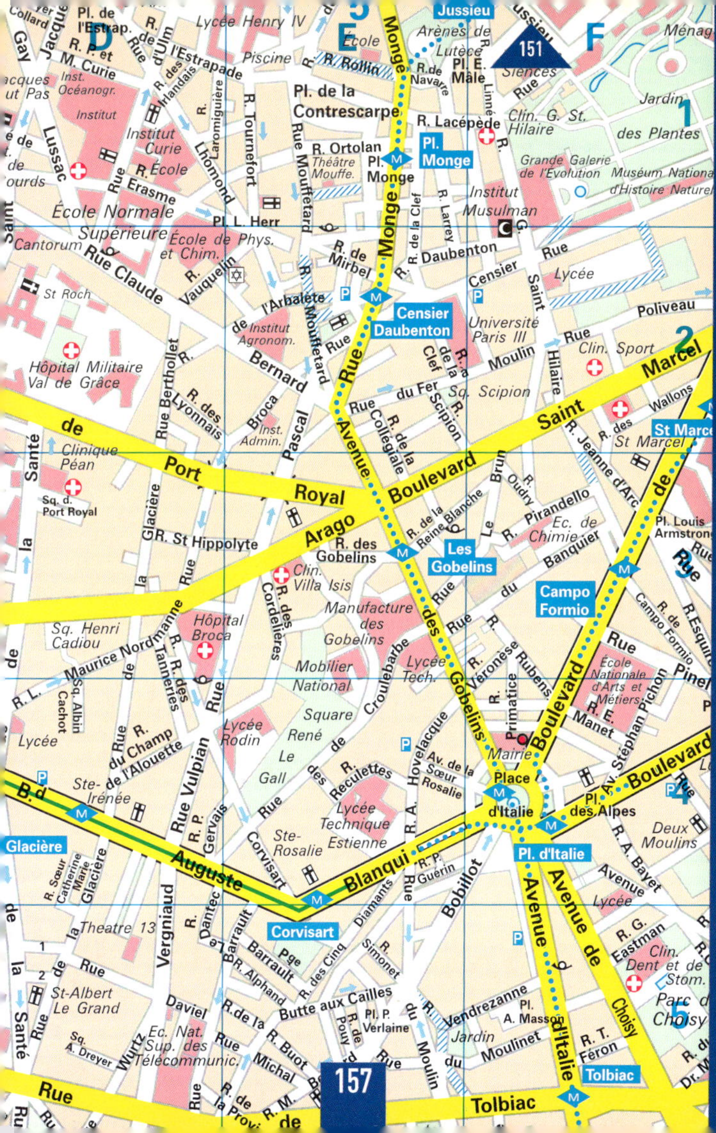
D
E
F
151
1
2
3
4
5
Pl. de l'Estrap.
R. de l'Estrapade
Lycée Henry IV
Jussieu
Arènes de Lutèce
Ménag
R. P. et M. Curie
Inst. Océanogr.
Institut
Institut Curie
R. École
R. Erasme
Piscine
R. Rollin
École
R. de Navarre
Pl. E. Mâle
Sciences
Rue Monge
Pl. de la Contrescarpe
R. Lacépède
Clin. G. St. Hilaire
Jardin des Plantes
R. Tournefort
R. Laromiguière
R. Lhomond
Rue Mouffetard
R. Ortolan
Théâtre Mouffe.
Pl. Monge
Grande Galerie de l'Évolution
Muséum National d'Histoire Naturel
Institut Musulman
École Normale Supérieure
Pl. L. Herr
École de Phys. et Chim.
R. de Mirbel
R. de la Clef
R. Larrey
R. Daubenton
Censier
Rue Lycée
Cantorum
Rue Claude
R. Vauquelin
St Roch
l'Arbalète
Censier Daubenton
Université Paris III
Rue Saint Hilaire
Poliveau
Institut Agronom.
Bernard
Rue Mouffetard
Rue Moulin
Clin. Sport
Rue Marcel
Hôpital Militaire Val de Grâce
R. Berthollet
R. des Lyonnais
Broca
Inst. Admin.
Pascal
Avenue
du Fer
Sq. Scipion
R. Scipion
R. de la Clef
R. de la Collégiale
Saint
Wallons
R. des St Marcel
St Marcel
de Port Royal
Clinique Péan
Sq. d. Port Royal
Santé
Glacière
Royal
Boulevard
Brun
R. Oudry
R. Jeanne d'Arc
de
Pl. Louis Armstrong
R. St Hippolyte
Arago
R. des Gobelins
R. de la Reine Blanche
Le
R. Pirandello
Ec. de Chimie
Banquier
Les Gobelins
Clin. Villa Isis
R. des Cordelières
Campo Formio
R. de Campo Formio
R. Esquirol
Rue
Hôpital Broca
Manufacture des Gobelins
Rue du
Sq. Henri Cadiou
Maurice Nordmann
R. des Tanneries
Mobilier National
Croulebarbe
Lycée Tech.
R. Véronèse
Rubens
École Nationale d'Arts et Métiers
Rue Pinel
R. L.
Sq. Albin Cachot
Lycée
R. du Champ de l'Alouette
Lycée Rodin
Square René Le Gall
Primatice
Boulevard
R. E. Manet
Stéphan Pichon
Mairie
Av. de la Sœur Rosalie
Hovelacque
R. Reculettes
Place d'Italie
Pl. des Alpes
Boulevard
Deux Moulins
B.d Auguste
Ste-Irénée
Rue Vulpian
R. P. Gervais
Rue Corvisart
Ste-Rosalie
Lycée Technique Estienne
Blanqui
R. P. Guérin
Rue
Bobillot
Pl. d'Italie
Avenue d'Italie
Avenue de Choisy
R. A. Bayet
Avenue
Lycée
Glacière
R. Sœur Catherine Marie
Glacière
Vergniaud
R. Dantec
Le Barrault
Barrault
R. Alphand
Corvisart
Pge des Cinq Diamants
R. Simonet
R. G. Eastman
Clin. Dent et de Stom.
Parc de Choisy
Theatre 13
Rue de la Santé
St-Albert Le Grand
Daviel
R. de la Butte aux Cailles
Pl. P. Verlaine
R. de Pouy
du Moulin
Vendrezanne
Pl. A. Masson
Jardin du Moulinet
R. T. Féron
Tolbiac
Sq. A. Dreyer
Ec. Nat. Sup. des Télécommunic.
Wurtz
R. Buot
Michal
R. de la Providence
R. M.
Rue de Tolbiac

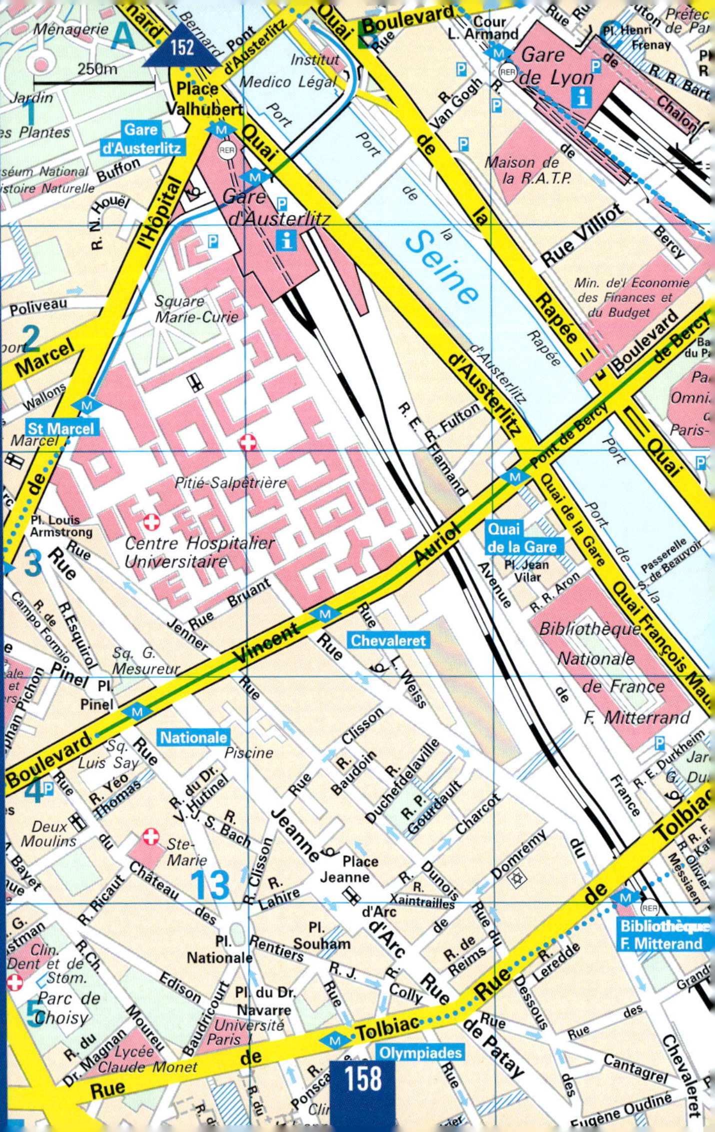

152
Ménagerie
250m
Jardin des Plantes
Muséum National d'Histoire Naturelle
Place Valhubert
Gare d'Austerlitz
Institut Medico Légal
Gare de Lyon
Cour L. Armand
Pl. Henri Frenay
Maison de la R.A.T.P.
Rue Villiot
Min. de l'Economie des Finances et du Budget
Quai de la Rapée
Boulevard de Bercy
Pont de Bercy
La Seine
Port d'Austerlitz
Port de la Rapée
Quai d'Austerlitz
Square Marie-Curie
Pitié-Salpêtrière
Centre Hospitalier Universitaire
St Marcel
Boulevard Vincent Auriol
Pl. Louis Armstrong
Quai de la Gare
Pl. Jean Vilar
Bibliothèque Nationale de France F. Mitterrand
Chevaleret
Nationale
Sq. G. Mesureur
Sq. Luis Say
Piscine
Deux Moulins
Ste-Marie
Place Jeanne d'Arc
Pl. Souham
Pl. Nationale
Pl. du Dr. Navarre
Université Paris
Parc de Choisy
Lycée Claude Monet
Clin. Dent et de Stom.
Rue de Tolbiac
Olympiades
Bibliothèque F. Mitterand
Passerelle S. de Beauvoir
Quai François Mauriac
Avenue de France
Rue du Chevaleret
Rue Jeanne d'Arc
Rue du Château des Rentiers
Rue Clisson
Rue Dunois
Rue Charcot
Rue Domrémy
Rue de Patay
Rue Cantagrel
Rue Eugène Oudiné
1
2
3
4
5
13

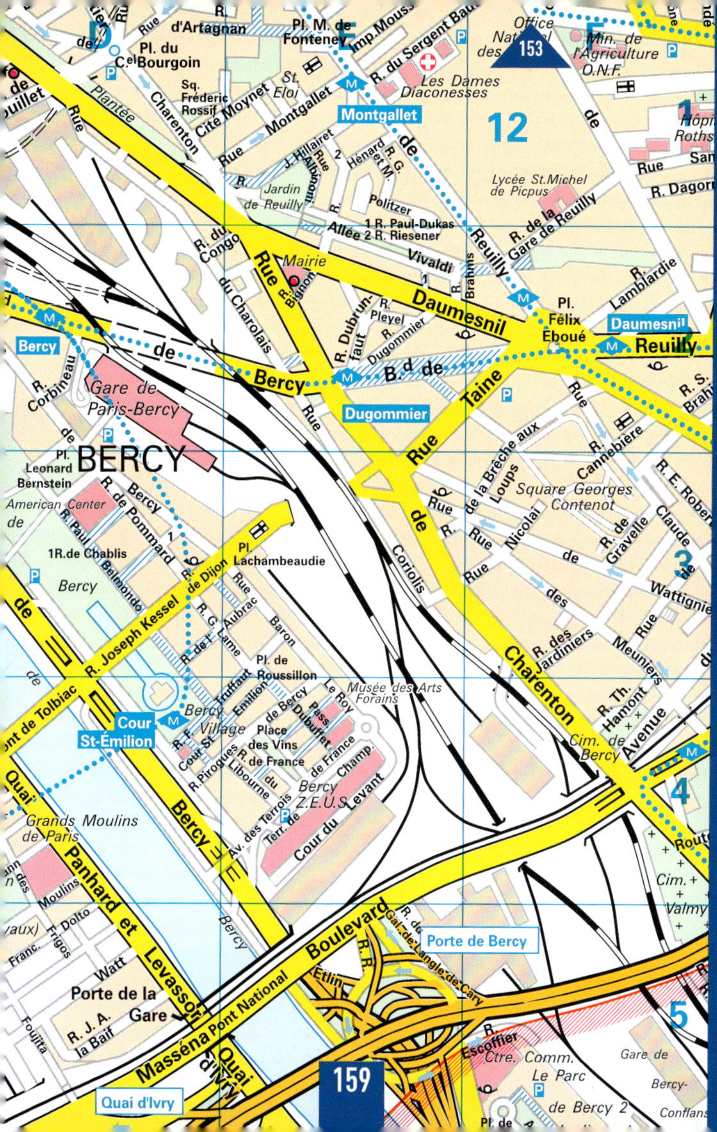

153
12
BERCY
Gare de Paris-Bercy
Bercy
Montgallet
Daumesnil
Dugommier
Cour St-Émilion
Porte de Bercy
Quai d'Ivry
Pl. du Cel Bourgoin
d'Artagnan
Pl. M. de Fontenoy
Imp. Mouss
R. du Sergent Bau
Office National des
Min. de l'Agriculture O.N.F.
Les Dames Diaconesses
Hôpi Roths
R. Dagorn
Lycée St.Michel de Picpus
Sq. Fréderic Rossif
Cité Moynet
St. Eloi
Rue Montgallet
J. Hillairet
Rue Abinoni
Henard
R. G. et M.
Politzer
1 R. Paul-Dukas
Allée 2 R. Riesener
Jardin de Reuilly
Rue Charenton
Plantée
R. du Congo
Mairie
R. Bignon
Vivaldi
Brahms
Daumesnil
R. de la Gare de Reuilly
Reuilly
R. Lamblardie
Pl. Félix Eboué
R. Dubrunfaut
R. Pleyel
R. Dugommier
B.d de Bercy
Rue du Charolais
R. Corbineau
Rue Taine
R. S. Brahms
Rue de la Brèche aux Loups
R. Cannebière
Square Georges Contenot
R. Nicolaï
R. de Gravelle
R. Claude
Rue de Wattignies
R. E. Robert
Pl. Leonard Bernstein
American Center
R. de Pommard
R. Paul Belmondo
1R.de Chablis
Bercy
R. de Dijon
Pl. Lachambeaudie
R. Joseph Kessel
R. G. Lame
R. de l'Aubrac
Rue Baron
Rue de Charenton
Rue Coriolis
Rue des Jardiniers
Rue Meuniers
R. Th. Hamont
Cim. de Bercy
Avenue
Pl. de Roussillon
Musée des Arts Forains
Truffaut
Emilion
de Bercy
Le Roy
Pass. Dubuffet
Bercy Village
Place des Vins
R. de France
R. F. Truffaut
Cour St
R. Pirogues
Libourne
Champ.
de France
Cour du Levant
Bercy Z.E.U.S.
Terr. de
Av. des Terroirs
Pont de Tolbiac
Quai de Bercy
Grands Moulins de Paris
Moulins
Panhard et Levassor
Dolto
Frigos
Franc.
Watt
Porte de la Gare
R. J. A. la Baif
Foujita
Boulevard Masséna
Pont National
Quai d'Ivry
Bercy
Etlin
R. Gal-de-Langle-de-Cary
R. Escoffier
Ctre. Comm. Le Parc de Bercy 2
Gare de Bercy-Conflans
Cim. Valmy
Route
Pl. de

A
B
C
1
2
3
4
5
Jouy-le-Moutier
Triel-s-S.
Maurecourt
Conflans-Ste-Honorine
Musée
Seine
Herblay
Franconville
Ermont
Montmorency
Andrésy
Maisons-Laffitte
Parc
Cormeilles-en-Parisis
Enghien
St-Gratien
St-Denis
N 184
Sannois
Achères
Argenteuil
Poissy
Forêt de St-Germain
Bezons
Rouen, Giverny
ST-GERMAIN-en-Laye
Houilles
A86
Musée
Asnières-s-S.
Colombes
Terrasse
Jardin Anglais
N13
le Vésinet
Chambourcy
Musée
Forêt de Marly
Parc
La Gde Arche
Nanterre
Neuilly-s-Seine
Chatou
Arc de Triomphe
Marly le Roi
A13
Rueil-Malmaison
Musée
Boulogne-Billancourt
Marly-le-Roi
Parc de Marly
Louvre
Tour Eiffel
Noisy-le-Roi
Bailly
Parc
St-Cloud
Jardin
Paris Expo
le Chesnay
Bois-d'Arcy
A12
VERSAILLES
Sèvres
P. St-Cloud
Manufact.
Montrouge
Jardins
Parc 2011
Dreux
St-Cyr
Château
Meudon
Clamart
N12
Chaville
Bagneux
Vélizy-Est Villacoublay
St-Quentin
Versailles-C.
Parc de Sceaux
Montigny-le-B.
Buc
Jouy-en-Josas
A86
Sceaux
Rambouillet
Guyancourt
Musée
les Loges-en-Josas
Bièvres
Antony
Fresnes
Magny-l.-H.
Toussus-le-Noble
Châteaufort
Vauhallan
N118
Longjumeau
Parc Régional de la Haute Vallée de Chevreuse
Palaiseau
Massy
Saclay
Igny-Bièvres
St-Aubin
Palaiseau
Orsay
Châl. de Coubertin
Gif-s-Yvette
Orsay
St-Rémy-les-Ch.
Villebon
N306
5 km
© Hallwag Kümmerly+Frey AG CH-Schönbühl/Bern
les Ulis
Longjumeau
Villejust
N20

D
E
F
1
2
3
4
5
Paris-Charles de Gaulle
Compans
Thillay
Gonesse
Garges
Mitry-Mory
Gressy
Pierrefitte
Paris-Le Bourget
Parc des Expositions
Tremblay-en France
Musée Expo
Stains
Parc
Villepinte
Ville-parisis
Meaux
D 212
N2
E 15
A3
le Bourget
Aulnay-s/s-Bois
Can. de l'Ourcq
Claye-Souilly
Aulnay
les Pavillons-s/s-B.
Livry-Gargan
Vaujours
le Pin
Ville-vaudé
Drancy
Coubron
Stade de France
Aubervilliers
Bobigny
N.D. des Anges
Clichy-s/s-B.
Parc de la Villette
Romain-ville
le Raincy
Gagny
Brou-s-Chantereine
PARIS
Chelles
Rosny-s/s-B.
Marne-la-V./Lagny
A104
Opéra de Paris Bastille
Montreuil
A86
Neuilly-Plaisance
Champs-s-M.
Torcy
Noisiel
Champs
Vincennes
A199
Bibl. Nat. de France
Château de Vincennes
Nogent-s-M.
Noisy-le-Gd
Emerain-ville
Lagny
Reims, Disney-land
Joinville-le-P.
Champigny-s-M.
Ivry-s-S.
Maisons Alfort
Marne
Chennevières
St-Maur
la-Queue-en-Brie
Roissy
Vitry-s-S.
Créteil
Ormesson
Pontault-Combault
Bonneuil
Hôtel de Ville
Noiseau
Ozoir-la-Ferrière
Choisy-le-Roi
Thiais
Rungis
Sucy-en-B.
Forêt de Notre Dame
Boissy-St-L.
N 104
Orly
Valenton
Lésigny
Chât. de Gros-Bois
Villeneuve-le Roi
Villeneuve-St-G.
Santeny
Férolles-Attilly
Tournan
Seine
Yerres
Servon
Athis-Mons
Villecresnes
Chevry-Cossigny
Mandres-les-Roses
Brie-Comte-Robert
N7
Montgeron
Brunoy
Moulin de Jarcy
Grisy-Suisnes
Draveil
Forêt de Sénart
D319

Das Register enthält eine Auswahl der im Cityatlas dargestellten Straßen und Plätze

D

E

F

Q

R

S

T

U

V

W

Y

ABC

Im Register finden Sie alle in diesem Reiseführer beschriebenen Sehenswürdigkeiten, Museen und Ausflugsziele sowie die Namen wichtiger Personen. Halbfette Seitenzahlen verweisen auf den Haupteintrag.

10 € GUTSCHEIN

für Ihr persönliches Fotobuch*!

Gilt aus rechtlichen Gründen nur bei Kauf des Reiseführers in Deutschland und der Schweiz

SO GEHT'S: Einfach auf www.marcopolo.de/fotoservice/gutschein gehen, Wunsch-Fotobuch mit den eigenen Bildern gestalten, Bestellung abschicken und dabei Ihren Gutschein mit persönlichem Code einlösen.

Ihr Gutschein-Code: mp82j6xpjn

Zum Beispiel das MARCO POLO FUN A5 Fotobuch für 7,49 €.

* Dies ist ein spezielles Angebot der fotokasten GmbH. Der Gutschein ist einmal pro Haushalt/Person einlösbar. Dieser Gutschein gilt nicht in Verbindung mit weiteren Gutscheinaktionen. Eine Barauszahlung ist nicht möglich. Gültig bis 31.12.2015. Der Gutschein kann auf www.marcopolo.de/fotoservice/gutschein auf alle Angebote und Versandkosten (Deutschland 4,95 €, Schweiz 9,95 €) der fotokasten GmbH angerechnet werden. powered by fotokasten

www.marcopolo.de/fotoservice/gutschein

IMPRESSUM

SCHREIBEN SIE UNS!

> Liebe Leserin, lieber Leser,

wir setzen alles daran, Ihnen möglichst aktuelle Informationen mit auf die Reise zu geben. Dennoch schleichen sich manchmal Fehler ein – trotz gründlicher Recherche unserer Autoren/innen. Sie haben sicherlich Verständnis, dass der Verlag dafür keine Haftung übernehmen kann.

Wir freuen uns aber, wenn Sie uns schreiben.

Senden Sie Ihre Post an die
MARCO POLO Redaktion
MAIRDUMONT, Postfach 31 51
73751 Ostfildern
info@marcopolo.de

IMPRESSUM

Titelbild (von li. nach re.): Getty/B. Sporrer, Getty/J. Stumpe, Denis Pernath, Stockfood/Peer Wörmann
Fotos: Auberge de Jeunesse Adveniat (109); Hôtel Boileau (101); L'Ouest Hôtel (104/105); W. Pfister-Bläske (1, 8, 14, 21, 24/25, 32, 38, 43, 53, 56/57, 66, 73, 76, 80/81, 83, 86, 91, 95, 112, 117, 120/121, 125)

1. Auflage 2011

Idee / Konzept / Chefredaktion: Michaela Lienemann
Autorin: Waltraud Pfister-Bläske
Gesamtredaktionelle Betreuung: Jens Bey
Projektbetreuung: Silwen Randebrock
Kartografie Cityatlas: © MAIRDUMONT, D-73751 Ostfildern
Innengestaltung / Icons: Katharina Kracker; Titel: Factor Product, München

Printed in Hungary. Gedruckt auf 100% chlorfrei gebleichtem Papier

48 h

> Spaß haben und jede Menge sparen! Wir haben Ihnen zwei erlebnisreiche Tage aus dem Band zusammen- und vergleichbaren, „normalen" Aktivitäten gegenübergestellt

> SA Nach dem Kauf des Metro-Tagestickets **Carte Mobilis** *(S. 10)* beginnt der Tag mit Kunst: Im **Musée d'Art Moderne de la Ville de Paris** *(S. 27)* begegnen Sie Picasso & Co. in Form eindrucksvoller Werke. Nachdem der intellektuelle Hunger gestillt ist, ist nun der Magen dran. Lecker und schön exotisch schmecken die mit Kichererbsenbällchen gefüllten Pita-Brote bei **L'As du Falafel** *(S. 65)*. Gut gesättigt geht's zum Shoppen ins **Free „P" Star** *(S. 79)*, wo ausgefallene Secondhand-Mode darauf wartet, durchstöbert zu werden. In jeder Hinsicht ein Höhepunkt ist der Besuch des **Eiffelturms** *(S. 118)*: Auf dem Pariser Wahrzeichen wartet ein Traumblick. Mit dem **Bato-Bus** *(S. 7)* erleben Sie danach die Stadt von einer weiteren Seite, nämlich von der Seine aus. Nach dem Abendessen im bodenständigen Bistro **Le Petit Saint-Benoit** *(S. 63)* und Abtanzen im **Favela Chic** *(S. 90)* fallen Sie todmüde in Ihr Bett im **Solar Hôtel** *(S. 107)*.

> SO Nachdem das Frühstück in Ihrem Hotel inklusive ist, können Sie von dort direkt zum **Garten des Musée Rodin** *(S. 45)* fahren und die Skulpturen des berühmten Bildhauers bewundern. Nach diesem Ausflug ins Grüne geht es direkt nach Japan: Ein Mittagsmenü bei **Higuma** *(S. 56)* ist so authentisch wie in den Nudelküchen Tokios. Nach fernöstlicher Essenskultur folgt westliches Feuilletonfutter: ein klassisches **Konzert in Notre Dame** *(S. 29)*, während dem Sie sich nicht nur am Klang, sondern auch an der Schönheit der Kathedrale erfreuen. Eine neuerliche Hungerattacke wird erfolgreich mit einem Riesensalat bei **La Marmite** *(S. 62)* bekämpft, der dank leckerer Knoblauch-Kartoffelchips ordentlich satt macht. Für den Kaffee nach dem Essen tauchen Sie in der **Lux-Bar** *(S. 52)* tief in die Atmophäre von Montmartre ein. Nach einem Bummel durchs Viertel ist ein Bier oder Wein im authentischen **La Fourmi** *(S. 85)* der perfekte Tagesabschluss.

LOW BUDGET WEEKEND

	LOW BUDGET		REGULÄR	
SA				
	Carte Mobilis	6,10 €	3 Einzelkarten	8,50 €
	Musée de l'Art Moderne de Paris	0,00 €	Musée National d'Art Moderne Centre Georges Pompidou	12,00 €
	Falafel bei L'As du Falafel	5,00 €	Lunch im Restaurant	25,00 €
	Kauf eines Rockes im Secondhand-Laden Free „P" Star	10,00 €	Kauf eines neuen Rockes in einer Boutique	70,00 €
	Eiffelturm zu Fuß (2. Etage)	11,00 €	Eiffelturm mit Aufzug	13,10 €
	Bootsfahrt mit Bato-Bus	13,00 €	Bootsfahrt über die Seine mit Abendessen inklusive	80,00 €
	Abendessen im Le Petit Saint-Benoit	15,00 €		
	Favela Chic (inkl. Getränkegutschein)	10,00 €	Besuch und Getränk in Club (regulär)	40,00 €
	Übernachtung im Solar Hôtel	30,00 €	Hotel (ohne Frühstück)	60,00 €
SO				
	Frühstück im Hotel	0,00 €	Frühstück im Café	10,00 €
	Carte Mobilis	6,10 €	3 Einzelkarten	8,50 €
	Garten des Musée Rodin	1,00 €	Skulpturen im Louvre	10,00 €
	Mittagsmenü Higuma	10,00 €	Mittagessen jap. Restaurant	25,00 €
	Konzert in Notre Dame	0,00 €	Konzert La Sainte Chapelle	29,00 €
	Salat La Marmite	10,00 €	Abendessen Restaurant	30,00 €
	Café an der Theke der Lux-Bar	1,00 €	Café regulär	2,50 €
	Bier im La Fourmi	2,00 €	Bier regulär	5,00 €
	GESAMT	**130,20 €**	**GESAMT**	**428,60 €**

> GESPART 298,40 €

48 h

> Zwei Tage im Luxus schwelgen und dabei ordentlich sparen. Mit 48h Luxus Low Budget im Vergleich zu den regulären Preisen von Highclass Hotels und Co.

> SA Zunächst benötigen Sie eine **Carte Mobilis** *(S. 10)* für die Métro, um im **Jardin du Luxembourg** *(S. 42)* den Tag mit einem Sportcoach zu beginnen. Nach einem Sprung unter die Dusche im nahen Hotel stehen edle Düfte im **Musée du Parfum** *(S. 35)* auf dem Programm. Derart eingestellt, findet sich die Edel-Handtasche bei **Maroquinerie Parisienne** *(S. 82)* schnell, bevor es zu einem Gourmetimbiss in die **Galeries Lafayette** *(S. 68)* geht. Ein Leckerbissen wartet auch auf dem Dach des **Institut du Monde Arabe** *(S. 40)*: Der Blick auf Paris ist berauschend. Nach exquisitem Abendessen im **L'Atelier de Joel Robuchon** *(S. 68)* folgt eine Ballettvorführung in der **Opéra Garnier** *(S. 32)*, deren Prunk Sie beim Spaziergang in der Pause bewundern. Der krönende Abschluss des Tages ist ein Glas guten französischen Rotweins in der Traditionsbar **Chez Prune** *(S. 85)*. Danach fallen Sie selig in die weichen Kissen Ihres Bettes im **L'Hotel** *(S. 112)*.

> SO Der Sonntag beginnt mit einem original französischen Frühstück: Auf der Sonnenterrasse der traditionsreichen Konditorei **Coquelicot** *(S. 51)* schmecken duftende *brioches* und köstlicher Milchkaffee nochmal so gut. Nach dem Frühstück tauchen Sie ab in die Pariser Stadtgeschichte im edlen Stadtpalais des **Musée Carnavalet** *(S. 34)*. **La Piscine** *(S. 82)* heißt das Edel-Outlet, in dem Sie danach Schnäppchen italienischer Luxusmarken wie Dolce & Gabbana machen können. Hungrig geworden? Dann nichts wie hin zu **Chez Marianne** *(S. 52)*, einer Pariser Institution. Der Vorspeisenteller im jüdischen Restaurant ist so groß, dass er ein komplettes Mittagessen ersetzt. Im glanzvollen **Petit Palais** *(S. 27)* tauchen Sie jetzt noch einmal in Prunk und schöne Künste ab, bevor das Abendessen im Gourmetrestaurant **Senderens** *(S. 69)* serviert wird: Den drei Gängen merkt man die drei Michelin-Sterne, die Alain Senderens zurückgab, nach wie vor an.

LUXUS LOW BUDGET WEEKEND

LUXUS LOW BUDGET		REGULÄR	
SA			
Carte Mobilis	6,10 €	3 Einzelkarten	8,50 €
Sportcoach Jardin du Lux.	0,00 €	Tageseintritt in Fitnessclub	30,00 €
Musée du Parfum	0,00 €	Musée des Arts et Métiers.	6,50 €
Tasche im Maroquinerie Parisienne	60,00 €	Tasche gleicher Marke in Luxusboutique	100,00 €
Gourmetimbiss Galeries Lafayette	20,00 €	Gourmetlunch im Restaurant	50,00 €
Aussichtsterrasse des Institut du Monde Arabe	0,00 €	Tour Montparnasse	10,00 €
Abendessen im L'Atelier de Joel Robuchon	80,00 €	Abendessen im Gourmetrestaurant regulär	150,00 €
Ballett Opéra Garnier, visibilité faible	5,00 €	Ballett Opéra Garnier, Durchschnittsplatz	60,00 €
Glas Wein bei Chez Prune	3,50 €	Wein in Bar um die Opéra	7,00 €
L'Hotel (Last Minute)	300,00 €	L'Hotel regulär	370,00 €
SO			
Carte Mobilis	6,10 €	3 Einzelkarten	8,50 €
Frühstück Coquelicot	4,00 €	Frühstück im Hotel	17,00 €
Hose D&G bei La Piscine	160,00 €	Hose D&G regulär	320,00 €
Vorspeisenteller Chez Marianne	12,00 €	Im Spezialitätenlokal	24,00 €
Petit Palais	0,00 €	Ausstellung im Grand Palais	12,00 €
Gourmetmenü Senderens	36,50 €	Menü Sternelokal	200,00 €
GESAMT	**693,20 €**	**GESAMT**	**1373,50 €**

> GESPART 680,30 €

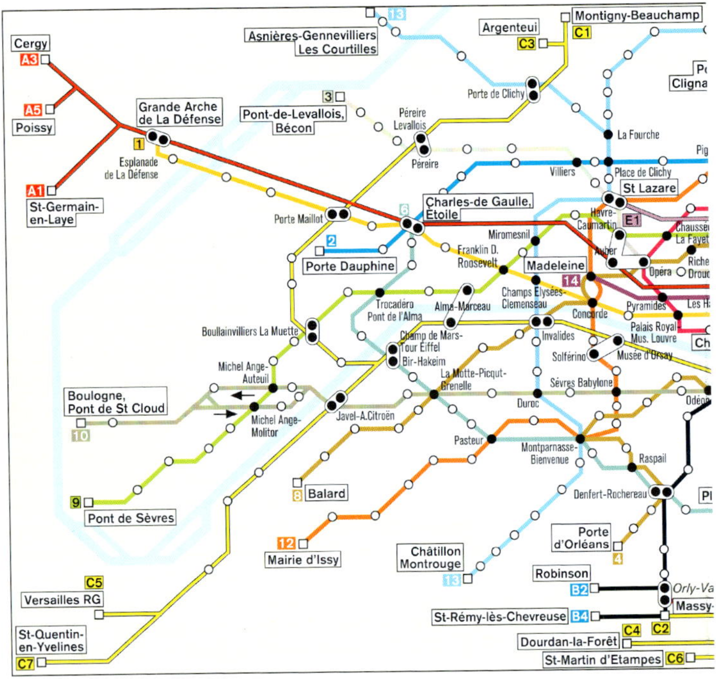

Cergy
A3
A5
Poissy
A1
St-Germain-en-Laye
Grande Arche de La Défense
1
Esplanade de La Défense
Asnières-Gennevilliers Les Courtilles
13
Argenteui
C3
Montigny-Beauchamp
C1
Porte de Clichy
3
Pont-de-Levallois, Bécon
Péreire Levallois
Péreire
La Fourche
Villiers
Place de Clichy
St Lazare
Porte Maillot
6
Charles-de-Gaulle, Etoile
2
Porte Dauphine
Miromesnil
Franklin D. Roosevelt
Madeleine
Havre-Caumartin
E1
Auber
Opéra
14
Trocadéro
Pont de l'Alma
Alma-Marceau
Champs Elysées-Clemenseau
Concorde
Pyramides
Boulainvilliers La Muette
Champ de Mars-Tour Eiffel
Bir-Hakeim
Invalides
Palais Royal-Mus. Louvre
Solférino
Musée d'Orsay
Michel Ange-Auteuil
La Motte-Picqut-Grenelle
Sèvres Babylone
Boulogne, Pont de St Cloud
10
Michel Ange-Molitor
Javel-A.Citroën
Duroc
Pasteur
Montparnasse-Bienvenue
Raspail
8
Balard
Denfert-Rochereau
9
Pont de Sèvres
12
Mairie d'Issy
Châtillon Montrouge
13
Porte d'Orléans
4
Robinson
B2
C5
Versailles RG
St-Rémy-lès-Chevreuse
B4
C4
C2
Dourdan-la-Forêt
St-Quentin-en-Yvelines
C7
St-Martin d'Etampes
C6